Ihr Hobby

Koi-
Japanische Farbkarpfen

Hans Gonella
Peter Boehrer

INHALTSVERZEICHNIS

Bühlfelderweg 12, D-94239 Ruhmannsfelden
E-mail: bede-Verlag@t-online.de; Internet: http://www.bede-verlag.de
Konzept der Reihe „Ihr Hobby...", Herstellung und Gestaltung: bede-Verlag

Fachliche Durchsicht: Dr. Jürgen Schmidt, Ruhmannsfelden
Bildnachweis: Alle Fotos Hans Gonella, außer wenn anders angegeben.
Wir danken Aqualife Taiwan für die Unterstützung.

ISBN: 3-931 792-71-4
bede-Bestellnummer: HO 367

Einleitung

Das Faszinierende an der Pflege von „Koi" ist, daß sich mit den farbenprächtigen Fischen, die Möglichkeit einer vielfältigen Auseinandersetzung, der verschiedenartigsten Themenkreise verbindet. „Koi" erlauben es, neben den Fischen mit ihren höchst interessanten Verhaltensweisen, uns zugleich mit der Pflanzenwelt im Garten zu befassen. Besonders reizvoll ist es dabei auch, den Wandel der Vegetation im Garten, während den vier Jahreszeiten, zu erleben. Weiterhin offenbaren uns die aus dem östlichen Asien stammenden Fische eine fremde Kultur und machen uns diese auf eine wunderbare Weise zugänglich. Die für eine optimale Pflege benötigte Technik ermöglicht es dem interessierten Pfleger, sich je nach Vorstellungen, Gegebenheiten und angestrebtem Ziel, sich mit einer beinahe beliebig erweiterbaren Technik und ihrem Unterhalt auseinanderzusetzen.

Für die Pflege von „Koi" stellt der Gartenteich eine zentrale Rolle dar. Daß ein Gartenteich nicht gleich Gartenteich ist, geht ebenso aus den entsprechenden Ausführungen hervor. Je nach Geschmack lassen sich Gartenteiche auf unterschiedlichste Weise anlegen.

Die harmonische Gartengestaltung kann den Betrachter, ebenso wie die Fische, in ihren Bann ziehen. Und das Schönste daran ist, daß selbst ein noch so perfekt scheinender Garten laufend verbessert werden kann. Das Anlegen eines Koiteichs ist demzufolge keine Freizeitbeschäftigung auf Zeit, sondern schon eher eine „gewaltige" Herausforderung fürs Leben.

Das Besondere an der Koipflege sind die mannigfaltigen Herausforderungen für den Pfleger. Das heißt der stolze Koibesitzer ist auch Garteneichgestalter. Wie er dies umsetzen möchte, liegt natürlich ganz in seiner Hand. Sei es ein Naturgarten oder gar eine parkähnliche Gartengestaltung nach traditionellen Vorbildern, wie wir sie von den typischen deutschen, französischen oder englischen Parkanlagen her kennen. Für jede Geschmacksrichtung findet sich das Richtige. Nicht zuletzt bietet sich auch die Gartengestaltung nach asiatischem Vorbild an. Ob nun ein chinesischer Garten – oder jenen, den „Koi" am ehesten entsprechende, japanische Garten – beide vermögen so manchen Koipfleger in den geheimnisvollen Sog ihrer Ausstrahlung zu ziehen. Gerade der japanische Garten läßt sich auch bei kleinstem Platzbedarf realisieren. Unkritisch betrachtet, könnten auch die schönsten Bestandteile der japanischen und chinesischen Gärten, mit europäischen Gartenelementen herrlich anzuschauende Kombinationen ergeben. Natürlich bedingt dies auch die Aneignung gewisser Kenntnisse über die japanische oder chinesische Gartenarchitektur was seinen logischen Fortlauf sozusagen in einem Eintauchen in die asiatische Denkweise findet. Unweigerlich öffnet sich damit auch der Horizont zu uns auf wundervolle Art und Weise fremden Kulturen. Die „Mühen" der Pflegearbeiten werden dadurch tausendfach belohnt. Die ausgestrahlte Ruhe der Gartenanlage und die somit gebotene Erholung vom Altagsstreß sind hier nur Beispiele, was ein Koiteich bieten kann. Darüber hinaus lassen sich die Wissensgebiete der

Architektur, auch die der asiatischen, der Biologie, insbesondere der Botanik sowie die Elemente verschiedener Kulturkreise harmonisch miteinander vereinigen. Was aus der „inneren Kraft“ eines Koiteichs zum Vorschein tritt, das kann, je nach Vorstellungen des Koipflegers, in beliebigen Gestaltungsformen ihren Ausdruck finden.

Das vorliegende Buch kann keine umfassende Wiedergabe und vertiefende Behandlung aller angesprochenen Themenkreise bieten. Dafür sind die einzelnen Wissensgebiete zu inhaltsreich. Jedoch können auf kurzweilige Art verschiedenste Wege aufgezeigt werden, wie man sich einen Koiteich anlegen kann.

Die nachfolgenden Ausführungen wurden eigens für den noch unerfahrenen Koipfleger ausgelegt, der sich möglichst schnell und doch ausreichend ins Bild setzen möchte, was ihn bei der Koipflege und Gartengestaltung erwarten könnte. Vielleicht findet auch noch der eine oder andere langjährige und erfahrene Koipfleger einige Anregungen, um seinen Pfleglingen den artentsprechenden Lebensraum zu verbessern. Zugleich können die Erklärungen mithelfen, gravierende Fehlschläge zu vermeiden.

Farbkarpfen sind faszinierende Fische, die einen engen Kontakt zu ihrem Pfleger halten. Foto: bede-Verlag

Mit der Zeit werden das Wissen um die Pflege der Kois und die Beurteilung ihrer außergewöhnlichen Farbenpracht durch das eigene Handeln und Erleben anwachsen. Gerade wenn die Koipflege unter den traditionellen, japanischen Betrachtungsweisen erfolgen sollte, führt ein langer Weg zur Perfektionierung, die selbst nach zehn oder 20 Jahren noch lange nicht ihren Höhepunkt erreicht hat, was bestimmt einen weiteren anregenden und faszinierenden Punkt in der Koipflege darstellt.

Daß ein Buch im vorliegenden Umfang nicht alle Themenkreise völlig abzudecken vermag, wurde bereits angesprochen. Dennoch werden die hier gemachten Empfehlungen den richtigen Weg weisen und dem Koipfleger neue Impulse für seine Freizeitbeschäftigung liefern. Dabei muß stets das Wohlbefinden der Fische im Vordergrund stehen und darf niemals durch andere Aspekte in Vergessenheit geraten. Obschon die Ansprüche und Bedürfnisse der „Koi“, als eigentliche Haustiere, nicht unbedingt ihren wildlebenden Verwandten gleichkommen, gilt es trotzdem gewisse artgerechte Pflegevoraussetzungen zu schaffen. Wiederum ist auch zu sagen, daß eben auch die Anpassung der Fische an den Hausstand eine vergleichende Betrachtung ihrer Pflegeansprüche mit wildlebenden Fischen nicht zuläßt. Die nun folgenden Ausführungen werden dazu beitragen, das hier Angesprochene näher zu erläutern.

Was ist ein Farbkarpfen?

In gewisser Weise vermögen Koi die Ansprüche von „Show-Zwecken“ bei Wettbewerben zu erfüllen. In erster Linie aber bilden sie einen wichtigen Bestandteil des japanischen, aber auch des chinesischen Kulturerbes, welches auch in unserer modernen und oft hektischen Zeit bewahrt werden konnte. „Koi“ wurden eigens gezüchtet, um das menschliche Auge zu erfreuen.

„Koi“ wurden aus den verschiedensten Gründen nach Europa importiert. Nebst kommerziellen Zwecken stand vor allem die Liebhaberei im Vordergrund. Daran hat sich bis heute kaum etwas geändert. Diese – man könnte fast sagen immer wiederkehrende „Koi-Booms“ – waren und sind zum Teil auch heute noch von allerlei Mißverständnissen begleitet. Dies beginnt schon bei der ungenauen Namensgebung für die Fische, was an dieser Stelle korrigiert werden soll. Der Name „Koi“ sagt eigentlich so gut wie nichts aus. Zumindest gilt das für die farbenprächtigen Vertreter der hier behandelten Fischgruppe. Die Bezeichnung Koi wird in Japan auch mit dem Wort Liebe in Verbindung gebracht. Koi heißt aber in der japanischen Sprache auch schlicht und einfach nur Karpfen. Ob damit nun Wildkarpfen, Zuchtfische zur menschlichen Ernährung oder die wunderschönen „Ausstellungskarpfen“ angesprochen sind, geht aus der Bezeichnung nicht hervor. Meist werden die natürlich gefärbten Wildformen als Koi angesehen.

Hinweis: Obschon sich der Name „Koi“ in Europa als Bezeichnung für die bunten Karpfen eingebürgert hat, soll darauf in den nachfolgenden Ausführungen keine Rücksicht genommen werden.

Zumal gerade die japanische Betrachtungsweise bei der Koipflege vermehrt an Bedeutung erlangt und auch die Namensbezeichnung für die verschiedenen Farbschläge in Japanisch angegeben werden, wäre es wohl widersinnig, den japanischen Oberbegriff des Zierkarpfens ungenau wiederzugeben. Um die Fische bei ihrem vollständigen japanischen Namen zu nennen, bedarf es der Bezeichnung Nishikigoi, was soviel wie farbiger Karpfen heißt. Sicher ist es aber auch Sinnvoll, die Fische im vorliegenden Buch, der besseren Lesbarkeit wegen, als Farbkarpfen zu bezeichnen.

Für all jene Leserinnen und Leser, die sich zum ersten Mal mit der Pflege von Farbkarpfen auseinandersetzen, ist oftmals auch nicht eindeutig klar, worauf die Unterschiede zwischen den einzelnen karpfenartigen Fischen beruhen. Nicht selten werden die Farbkarpfen vom Unkundigen auch mit Goldfischen verwechselt. Die Goldfische und die Farbkarpfen haben in vielerlei Hinsicht wenig gemeinsam. Einmal von den unterschiedlichen Körpergrößen abgesehen – Farbkarpfen erreichen eine Körperlänge von über 80 cm und Goldfische je nach Zuchtform gerade nur 20 bis 40 cm – bestehen hauptsächlich auch bei den Pflegeansprüchen erhebliche Unterschiede.

Der Goldfisch, seine Wildform wird auch Giebel genannt, hat keine Barteln. Ebenso fehlen der nahverwandten Karausche die Barteln. Außerdem besitzt die Karausche kleinere Schuppen als der Goldfisch. Der Karpfen verfügt dagegen über gut sichtbare Barteln, die sich links und rechts der Mundwinkel befinden. Die Farbkarpfen stammen ursprünglich von wildlebenden Flußkarpfen ab; von der Einkreuzung des europäischen Spiegelkarpfen stammen ihrerseits die schuppenlosen Farbkarpfenvarianten ab.

Durch ihre Farbenpracht erfreuen sich die Farbkarpfen bei vielen Teichbesitzern höchster Beliebtheit. Die Fische benötigen jedoch große Teiche mit Wassertiefen um 2 m. Foto: bede-Verlag

Entwicklungsgeschichte der Farbkarpfen

Die Überschrift dieses Abschnitts ist etwas irreführend. Geht es hier doch nicht um entwicklungsgeschichtliche Aspekte der Karpfen, sondern um die Entstehung der Farbkarpfen. Die Zucht der Farbkarpfen hat ihren Ursprung in China. Nicht zu Unrecht wird China auch das Mutterland der Kultur genannt. Gemeint ist natürlich der chinesische Einfluß auf die gesamte asiatische Kultur, die bis nach Europa und Amerika Auswirkungen zeigt.

In China hat die Pflege und Zucht von Fischen zur reinen Erfreuung des menschlichen Auges eine lange Tradition. Die Fische besaßen aber seit jeher auch eine gewaltige Symbolkraft. In archäologischen Funden aus der Neusteinzeit vor 4.000 Jahren tauchten bereits erste Fischsymbole auf. Der Fisch galt wahrscheinlich als ein glückliches Vorzeichen für eine reiche Ernte. Das Symbol und seine mannigfaltige Aussagekraft hat sich bis zum heutigen Tag erhalten.

Lange Zeit galt der Goldfisch als erster Zierfisch überhaupt. Die Haltung der Goldfische in Teichen oder Keramikgefäßen im alten China sind ausführlich dokumentiert worden. Während der Jin-Dynastie, zwischen den Jahren 265 und 420, fand sich der erste goldene Giebel im Xin Lin-Tempel. Dieser wird heute als der eigentliche Vorfahr der Goldfische angesehen. Die farbigen Karpfen wurden dagegen im alten China schon viel früher gepflegt. Schon vor 2.500 Jahren schwammen sie sozusagen zur Zierde in den für sie angelegten Teichanlagen. Die Haltung von Karpfen hatte in China allerdings schon während 4.000 Jahren Bestand. Die Zucht von Flußkarpfen wurde bereits im 11. Jahrhundert v. Chr. intensiv betrieben. Die gezüchteten Flußkarpfen dienten ursprünglich ausschließlich der menschlichen Ernährung. Die spätere chinesische Feudalherrschaft führte jedoch auch zur Verehrung der Farbkarpfen und natürlich der Goldfische. Nicht die Goldfische, sondern die Farbkarpfen wurden so zu den ersten Haustieren. Mit der beginnenden Entwicklung der chinesischen Feudalherrschaft waren die seltenen, farbenprächtigen Fische nur dem Kaiser und der herrschenden Oberschicht vorbehalten. Ende des 13. Jahrhunderts waren diese Zierfische jedoch auch breiten Bevölkerungsschichten zugänglich, was besonders auf die Goldfische zutraf.

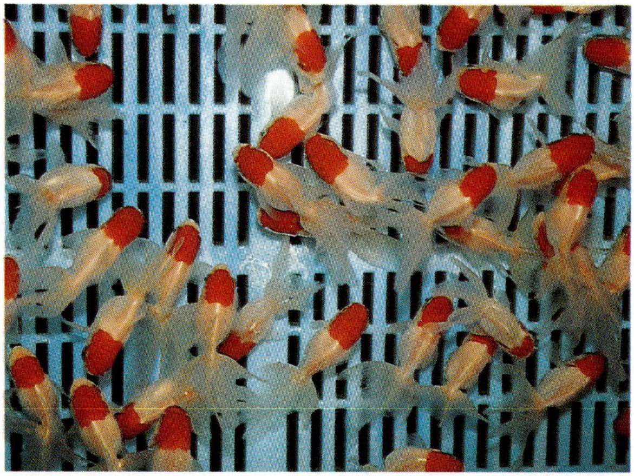

Für die Pflege in kleineren Teichen sind Goldfische geeignet. Auch bei dieser Fischart kann man auf eine jahrtausend alte Tradition von züchterischen Bemühungen zurückblicken. Foto: bede-Verlag

In gewisser Weise geht die Haltung von Farbkarpfen auch mit der chinesischen und japanischen Gartenbaukunst einher. Während der Han-Dynastie, in den Jahren 220 bis 206 v. Chr., erreichte die Gartenbaukunst in China einen ihrer Höhepunkte, in großartig gestalteten Anlagen, die auch über Fischteiche verfügten. Um das 7. Jahrhundert gelangten die nach ästhetischen, aber auch nach philosophischen Grundsätzen ausgerichteten chinesischen kulturellen Errungenschaften mit den religiösen Anschauungen des Zen-Buddhismus über Korea nach Japan. Etwa bis ums Jahr 1200, während der Kamakura-Zeit, orientierte sich die an kulturellen Dingen interessierte Elite Japans sehr stark an China.

Das heißt, ein Großteil der chinesischen kulturellen Errungenschaften wurde in Japan so gut wie unverändert übernommen. Erst später mit der nationalen Wiedervereinigung Ende des 16. Jahrhunderts unter dem ersten Taiko Hideyoshi und dem zunehmenden Einfluß der, nach ritterlichen Grundsätzen lebenden Samurai-Kaste sowie unter anderem der japanischen Urreligion des Shintoismus, entwickelte sich langsam eine eigenständige Kultur in Japan. Das aus China stammende kulturelle Erbe wurde während dieser Zeit in Japan enorm weiterentwickelt. Oberflächlich betrachtet, kann man sagen, daß die aufstrebende japanische Kultur sich auf das Wesentliche des chinesischen Vorbilds beschränkte und die einzelnen Elemente in Einklang zueinander brachte. Wohlgemerkt, dieser Prozeß vollzog sich nur innerhalb der kulturellen und politischen Elite. Über den Kaiser und der herrschenden Schicht hinaus hatte die breite Bevölkerung kaum die Möglichkeit, diesen Umbruch mitzugestalten. Jedoch vom religiösen Umfeld stark geprägt, konnte der mentale Zugang zu den kulturellen Errungenschaften nach und nach alle sozialen Bevölkerungsschichten erreichen. Der Japanische-Ehrenkodex blieb bis in die heutige Zeit erhalten. Selbst das starre reglementierte gesellschaftliche Gefüge konnte sich trotz Öffnung nach außen behaupten und beeinflußt auch heute noch die japanische Lebensweise.

Die hochkomplexen, japanischen kunstphilosophischen Betrachtungsweisen nehmen Einfluß auf sämtliche Kunstrichtungen. In Harmonie zueinander stehen die Architektur, die Gartengestaltung sowie die Poesie und das traditionelle Theater. Hinzu kommen die Lackierkunst und die Herstellung von Keramik und Textilien nach überlieferten Vorbildern. In diesem Gefüge nimmt auch die Natur einen besonderen Platz ein und wiederspiegelt sich in der Kunst des Blumensteckens, Ikebana genannt, und der Baumgestaltung Bonsai, deren Ursprung ebenfalls in China zu suchen ist. Nicht zu vergessen sind die Künste der Teezubereitung und der Steinbetrachtung (Suiseki). In diesen nach ästhetischen Gesichtspunkten ausgerichteten Kreis der kunstphilosophischen Betrachtungsweisen gehört natürlich auch die Pflege und Zucht besonders ausgewählter Farbkarpfen, die mit ihren ruhigen und geradezu majestätisch wirkenden Schwimmbewegungen, die harmonische Ausstrahlung einer Gartenanlage unterstützen. Auch die Pflege und vor allem die Zucht der Farbkarpfen wird nach strengen Regeln gehandhabt, ohne die die angestrebten Ziele kaum zu erreichen wären.

Anhand historischer Motive läßt sich heute noch erahnen, welchen hohen Stellenwert die wertvollen Teichfische im alten China besaßen. Fischmotive zierten Gebäude und edle Seidenstoffe und spiegelten nicht zuletzt auch den sozialen Status ihrer Besitzer wider. Foto: bede-Verlag

Die Farbkarpfen im alten China

Die Entwicklung der Farbkarpfen im alten China war bei weitem nicht so vom Zufall abhängig, wie man annehmen könnte. Unter den karpfenähnlichen Fischen befinden sich etliche Arten, die von Natur aus stark zur Bildung von Farbmutationen neigen. Auch unter den natürlich lebenden Wildkarpfen können goldgelbe, silbergraue oder selbst gescheckte Exemplare auftreten. Was in der Natur sehr selten zu finden ist und durch die Mechanismen der natürlichen Selektion kaum Überlebenschancen hat, kann jedoch unter einer von Menschenhand gesteuerten Züchtung durchaus zu einer Weiterentwicklung fähig sein. So waren die ersten Farbmutationen bei den für Speisezwecke gezüchteten Karpfen vermutlich schon sehr früh in den chinesischen Fischteichen aufgetreten. Anfänglich vielleicht unbemerkt, konnten die andersgefärbten Fische ihre Farbmerkmale un-

Kohaku: *Die Kohakus gehören zu den beliebtesten und wohl auch meist gezüchteten Farbkarpfen. Ihre Farbgebung besteht aus rot auf weißem Grund.*
Foto: Aqualife

ter den Zuchtbedingungen beinahe ungestört an ihre unter menschlicher Obhut lebenden Nachkommen weitergeben. Mit der Zeit traten solche Farbveränderungen immer häufiger auf. Man kann davon ausgehen, daß die alten Chinesen die andersfarbigen Fische als unheimliche Wesen betrachteten und auf ihren Verzehr verzichteten. Außerdem begünstigte der buddhistische Glaube, daß immer mehr Chinesen auf das Töten von Lebewesen verzichteten. Wahrscheinlich wollte die damalige Bevölkerung aber doch nicht auf die Gesellschaft von Tieren verzichten. Und was bietet sich mehr an, als die farbenprächtigsten Karpfen als Haustiere zu halten? Zuerst in natürlichen Teichen, später dann auch in den künstlich angelegten Seen der Tempelanlagen und Paläste erfreuten sich die Menschen an den wundervollen Fischen. Schließlich galt es dann, unter den chinesischen Feudalherren als besonders „Elegant", sich möglichst viele Farbkarpfen in die prächtig gestalteten Gartenanlagen zu holen.

Die Entwicklung der Farbkarpfen unter japanischem Einfluß

Viele Tiere besitzen in der traditionellen Kultur der Japaner eine vielschichtige Symbolkraft. So herrscht auch heute noch in Japan die Sitte, daß um den 5. Mai die Familien für ihre Söhne eine entsprechende Anzahl von Stoff- oder Papierkarpfen an Stangen befestigen. Die an den Stangen im Wind flatternden bunten Karpfennachbildungen erinnern an die Flußkarpfen, die mit kraftvollen Schwimmbewegungen flußaufwärts zu schwimmen vermögen. Sie symbolisieren die männliche Lebenskraft und sollen zugleich die Lebenskraft spendende Gottheit anziehen. Daß dieser Brauch im Ursprungsland der Farbkarpfenzucht überleben konnte, erstaunt wenig.

Um Japan, die Sitten der Bevölkerung und somit auch die Farbkarpfenzucht besser zu verstehen, ist etwas auszuholen. In der Zucht und Pflege der Farbkarpfen spiegelt sich das gesamte traditionelle Kulturbewußtsein Japans wieder. Für den Europäer besitzt selbst noch das moderne Japan einen geheimnisvollen Charakter. Die Lebenseinstellung der Japaner unterscheidet sich erheblich von jener der europäischen Bevölkerung. Trotz des industriellen Fortschritts haben sich die althergebrachten Lebensweisheiten mit den modernen Lebensformen verschmolzen und erhalten. Zum Beispiel konnte sich der Ehrenkodex der Samurai – der noch am ehesten mit romantischen Betrachtungsweisen der europäischen Ritterlichkeit gleichzusetzen ist – in den Sozialstrukturen von heute behaupten. Allerdings darf man auch wieder nicht darauf verfallen, die japanische Kultur zu vereinheitlichen. So unterschiedlich, wie sich die gesellschaftlichen und sozialen Strukturen präsentieren, die für europäische Begriffe eine statische und reglementierte Form des Zusammenlebens darstellen, so verschieden können sie sein, was letztendlich auf die stets wechselnde Landesnatur der langgestreckten Inseln zwischen dem Japanischen Meer und dem Pazifischen Ozean zurückgeführt werden kann.

Japan erstreckt sich auf einer Strecke von rund 3.800 km über die vier Inseln Hakkaido, Honschu, Schikoku und Kyuschu. Und obwohl Japan auf derselben Breitenlage wie Spanien und Nordafrika liegt, können nur gerade die verhältnismäßig hohen Sommertemperaturen mit dem Mittelmeerklima verglichen werden. Die Temperaturen im Winter fallen dagegen durch den kontinentalen Kaltlufteinfluß weit niedriger aus, als man erwarten könnte. Der Norden Japans

verfügt über ein gemäßigtes Klima. Im Süden, mit seinem subtropischen Klima, gedeihen hingegen sogar Bambus und Zuckerrohr. Jedoch ist eine vereinheitlichte Wiedergabe der Klimabedingungen ein heikles Unterfangen. Durch die topografischen und wetterbedingten Besonderheiten des Landes bestehen unterschiedliche, nahe beieinanderliegende Mikroklimate und beeinflußen bestimmt auch die Entwicklung der kulturellen Sitten.
Japan gehört zu den am dichtesten besiedelten Regionen der Erde. Um so erstaunlicher scheint es, daß sich gerade die Farbkarpfen mit ihrem Anspruch auf eine relativ große Teichanlage, bei den knappen Bodenverhältnissen einer so großen Popularität erfreuen. Zum Einen mag dies gerade durch die engen Platzverhältnisse erklärbar sein, ermöglichen doch die öffentlichen Gartenanlagen breiten Bevölkerungsschichten Ruhe, Erholung und für die Asiaten so wichtige meditative Qualitäten. Zum Anderen ist auch zu sagen, daß private Teichanlagen, wie wir sie in ihren Ausdehnungen in unseren Breiten kennen und selbst dem Mittelstand zugänglich sein können, in Japan lediglich den gehobenen Bevölkerungsschichten vorbehalten bleiben. Vielleicht liegt darin mitunter auch ein Grund, warum von den Farbkarpfen eine ungeheure Faszination ausgeht, da man sich mit ihnen ein Stück Exklusivität in seinen Garten holen kann. Vermutlich aus ebengenannten Gründen, aber wohl auch der doch aufwendigen Pflegemaßnahmen wegen, haben heute die Steingärten ohne Teichanlagen, auch Zengärten genannt, in Japan während den letzten Jahren gewaltig an Beliebtheit zugenommen.
Japan besitzt eine bewegte Geschichte, die auch durch unzählige innerpolitische Wirren und Auseinandersetzungen geprägt ist. Die Japaner gerieten zwar nie in den politischen Einfluß Chinas, rezipierten jedoch zunächst durch den koreanischen Filter, beziehungsweise durch die Zenbuddhistische Religion, die alte chinesische Hochkultur. Um das Jahr 702 wurde Japan nach chinesischem Vorbild zu einer absolutistischen Monarchie, die natürlich schon vorher ihre Anfänge nahm. Der chinesische kulturelle Einfluß erreichte von 720 bis 784 den Höhepunkt. Danach bis gegen Ende des 12. Jahrhunderts löste sich der Adel allmählich von den chinesischen Leitbildern und begann langsam einen eigenständigen Lebensstiel zu entwickeln und kultivieren. Von 1337 bis 1392 spaltete sich Japan bis zur Wiedervereinigung der Kaiserhöfe in zwei Dynastien. Bis zum 16. Jahrhundert, mit der aufblühenden Samurai-Kaste und dem Einfluß der japanischen Urreligion, dem Shintoismus, verfeinerten sich die kulturellen Errungenschaften. Seit 1947 besitzt Japan eine parlamentarische Demokratie. Der Kaiser (Tenno) übt, trotz großem Einfluß, nur noch repräsentative Funktionen aus.
Die bunt zusammengewürfelten vorangegangenen Erläuterungen sollen dazu beitragen, die tiefe Verbundenheit der Japaner zu ihrer Tradition und ihre Verbundenheit zu den Farbkarpfen aufzuzeigen, denn durch all die Jahrhunderte nahm die Farbkarpfenpflege stets eine mehr oder weniger wichtige Rolle ein.

Farbkarpfen in Europa

Der Wildkarpfen ist seit jeher ein beliebter Nutzfisch. Nebst im alten China wurden Wildkarpfen auch von den Römern gehältert, um stets frischen Fisch zur Verfügung zu haben. Bekannt sind auch die Anfänge der Karpfenzucht, die erstmals in Europa durch die Mönche während des Mittelalters praktiziert wurde und so ihrerseits die Entwicklung des europäischen Karpfens zum Haustier ermöglichte.
In Europa ist heute die private Fischpflege auf besondere Weise von der Aquaristik mit ihren tropischen Zierfischen geprägt. Im Vordergrund steht dabei eine möglichst artgerechte Fischpflege, die sich am natürlichen Vorbild orientiert, das heißt im Aquarium werden die natürlichen Verhältnisse bestimmter Gewässertypen nachgeahmt. Viele Farbkarpfenbesitzer halten an den Prinzipien einer naturnahen Fischpflege fest – auch wenn es sich bei den Farbkarpfen um domestizierte Fische handelt, ist dies bestimmt nicht falsch. Demgegenüber steht ein

ebenso großer Anteil an Pflegern von Farbkarpfen, die die Fische nach asiatischen Betrachtungsweisen halten. Bei den völlig verschiedenen Pflegemöglichkeiten beginnen sich die Grenzen zwischen richtigem oder falschem Handeln zu verwischen, was viel Anlaß zu emotional geführten Diskussionen gibt. Ein Vergleich kann vielleicht helfen, den Kernpunkt des hier angesprochenen Problems zu erhellen. Besieht man sich den kulturellen Unterschied zwischen Nord- und Südeuropäern, können alleine schon banale Alltagshandlungen gegenseitiges Unverständnis hervorrufen. Mit etwas gutem Willen gelingt es aber einander zu verstehen. Noch viel größer sind wohl die Unterschiede zwischen europäischen und asiatischen Denkweisen und beeinflussen auch das Vorgehen bei der Pflege von Farbkarpfen. Damit will gesagt sein, daß es verschiedenste Vorgehensweisen bei der Pflege von Farbkarpfen gibt, die jede ihre Vorzüge hat. Nebst dem natürlich bepflanzten Gartenteich kann es also auch sehr interessant sein, sich sozusagen in die Materie der asiatischen Kultur und ihre Weisen der Fischpflege hineinzuarbeiten. Eine Vielzahl an Fachliteratur aus den verschiedensten Wissensgebieten können einem dabei helfen. Von einem wasser- und sumpfpflanzenlosen Gartenteich innerhalb einer besonders gestalteten Gartenanlage kann also ebenso ein besonderer Reiz ausgehen. Und die Farbkarpfen sind dennoch nicht falsch gepflegt.

Hinweis: Die Pflege und Zucht von Farbkarpfen war und ist den verschiedensten Kultureinflüssen ausgesetzt.

Beginnend mit ihrem Ursprung im alten China über Japan und dem übrigen Südostasien, wo die Farbkarpfen ebenso verehrt werden, zuzüglich den modernen Einflüssen in diesen Ländern, vermischen sich die Möglichkeiten der Fischpflege schlußendlich bei uns mit den abendländischen Weltanschauungen. Daran ist auch nichts falsches zu sehen. In den nachfolgenden Abschnitten werden deshalb auch sehr unterschiedliche, voneinander abweichende Pflegemöglichkeiten aufgezeigt.
Erfahrene Pfleger von Farbkarpfen mahnen, daß es bis zu 20 Jahre dauern kann, um sich ausreichend in der Bewertung der Fische und ihrer Pflege auszukennen. In gewisser Weise ist dies sicher richtig. Doch beziehen sich diese mahnenden Worte auch auf den Erwerb eines „allumfassenden“ Verständnisses für die asiatische Lebensweise, die Kultur und natürlich ihre Verbundenheit mit der Pflege von Farbkarpfen. Nichts desto trotz ist es ein lohnenswertes Ziel, die asiatische Art der Farbkarpfenpflege in Betracht zu ziehen und sich den andersartigen Betrachtungsweisen der Gartengestaltung anzunehmen. Mit dem nötigen Enthusiasmus wird man sicher schnell das gewünschte Niveau erreicht haben. Vielleicht

Nach Vorbild der traditionellen chinesischen Gartenbaukunst entstehen auch heute noch in China, und an anderen Orten der Welt, neue Chinesische-Gartenanlagen. Hier ist der Chinagarten von Zürich abgebildet. Foto: Heinrich Schinz

wird man damit auch der chinesischen oder japanischen Weltanschauung näher kommen. Eine chinesische Tugend ist unter anderem, aus wenig viel mehr zu „Erschaffen", als zu Beginn möglich erschien und sich daran um so mehr zu erfreuen. Daß mit den Farbkarpfen ein Teil asiatischer Kultur Einzug in Europa nahm, ist ebenso faszinierend.

In Parkanlagen werden Farbkarpfen oft auch mit „Wildkarpfen" zusammen gepflegt. Die ersten Farbkarpfen tauchten in den Fischteichen im alten China auf und wurden vermutlich aufgrund ihres ungewöhnlichen Erscheinungsbilds nicht verzehrt. Vielleicht riefen damals, vor über 4000 Jahren, eine ähnliche Fischgruppe, wie hier abgebildet, größtes Erstaunen, aber auch Mißtrauen hervor. Foto: bede-Verlag

Schließlich soll an dieser Stelle auch noch die europäische Sichtweise der Gartengestaltung und der damit verbundenen Fischpflege erörtert werden. Mancher Farbkarpfenliebhaber wird nun an dieser Stelle den Kopf schütteln und sich fragen, was hier nun wieder für ein kultureller „Einheitsbrei" propagiert werden soll? Doch man bedenke, auch die Japaner nahmen und übernehmen auch heute noch das Beste aus fremden Kulturen und versuchen es nach ihren Maßstäben zu verbessern. Überdies ist in Europa all dies ohnehin nichts neues. So nahm die Idee der asiatischen Miniatur-Landschaften mit dem Umweg über die traditionelle englische Gartengestaltung bereits Ende des 17. Jahrhunderts Einzug in die europäische Gartenkonzeption. Das heißt, die Wandlung des englischen Gartens zum Landschaftspark vollzog sich sehr stark unter dem chinesischen Einfluß. Das symmetrische europäische Ideal wurde zusehends mehr dem chinesischen Vorbild entsprechend durch eine sogenannte spontane Unregelmäßigkeit ersetzt. Mitte des 18. Jahrhunderts fanden diese neuen Gestaltungsmöglichkeiten auch in Frankreich, unter der Bezeichnung „jardin anglo-sinois" ihre Anhänger.

Einmal von parkähnlichen Gartenanlagen der herrschaftlichen Wohnsitze abgesehen, sind Gartenanlagen in bürgerlichen Wohngegenden eine Errungenschaft unseres modernen Zeitalters. Gärten dienten zuerst einmal nur dem Zwecke, allerlei Gemüse, Obst und vieles mehr anzupflanzen und fanden ihre Weiterentwicklung in Laubenkolonien oder auch Schrebergärten. Über die Gestaltungsmöglichkeiten privater Gärten könnte alleine ein Buch verfaßt werden. Neben englischen Kleingärten seien lediglich noch Gärten nach mediterranem Vorbild erwähnt. In den letzten Jahrzehnten kamen vor allem Naturgärten in Mode. Geprägt durch ein wachsendes Naturverständnis in der Bevölkerung wurden die Gartenanlagen zusehends mehr zu einem Refugium für die einheimische Pflanzen- und Tierwelt. Darin durften auch Teiche nicht fehlen. Die meist kleinen Gewässer mit flachem Wasserstand bieten vor allem einheimischen Amphibien oder Wasserinsekten Lebensraum. Für Farbkarpfen sind allerdings solche Kleinst-Biotope überhaupt nicht geeignet. Durch die geringe mittlere Wassertiefe von 80 bis 60 cm unterliegt die Wassertemperatur zu starken Schwankungen. Zudem ist eine Überwinterung der Farbkarpfen im Freien undenkbar, da solche Teiche in der kalten Jahreszeit über mehrere Wochen oder gar Monate zufrieren können. Dies ist selbst für die widerstandsfähigen Farbkarpfen zuviel. Mit dem Bau einer entsprechenden Teichanlage können Farbkarpfen jedoch auch einen Naturgarten auf wundervolle Weise bereichern. Der Übergang einer vormals wildlebenden Tierart in den Hausstand beinhaltet tiefgreifende Veränderungen im Verhalten und oft auch im Körperbau.

Taisho Sanke: *Diese Variante besitzt gewissermaßen die Farbmerkmale eines Kohaku, allerdings mit schwarzen Punkten versehen. Ein guter Sanke hat keine schwarzen Streifen in den Brustflossen. Foto: Aqualife*

Trotzdem entstehen aus domestizierten Tierrassen keine neuen Arten. Auch die Zuchtrassen jedwelcher Tierarten werden in der Systematik stets unter der wissenschaftlichen Bezeichnung geführt, beziehungsweise der Stammart untergegliedert. Zur Erkennung der verschiedenen Rassen einer Tierart dienen die im allgemeinen Sprachgebrauch zur Verfügung stehenden Rassenamen oder im Falle der Farbkarpfen, die japanische Namensgebung der jeweiligen angesprochenen Farbvarianten sowie ergänzend weitere genannte abstammungsbedingte Körpermerkmale.

Die Systematik ist die Lehre vom natürlichen System der Tier- und Pflanzenwelt. Die Aufgabe der Systematik ist es, die in der Natur vorkommenden Arten zu erfassen und sie in ein hierarchisches System einzugliedern. Neben vielen Zwischenkategorien bildet sich die hierarchische Gliederung in aufsteigender Folge aus der Art, Gattung, Familie, Ordnung und Klasse sowie dem Stamm. Mit der Systematik geht auch die wissenschaftliche Namensgebung in „lateinischer" Sprache für die Benennung des Tier- und Pflanzenreichs einher. Diese Namensgebung, auch binäre Nomenklatur genannt, wurde 1735 vom schwedischen Wissenschaftler C. von Linné eingeführt. Dem Gattungsnamen wird ein adjektivischer Artname angefügt. Der Name des Erstbeschreibers und das Jahr der Beschreibung ergänzen die Namensgebung. Die wissenschaftliche Namensgebung verhindert im internationalen Sprachgebrauch eine Verwechslung der beschriebenen Arten. Doch dies alles sei nur nebenbei bemerkt, sozusagen als Ergänzung zu den nachfolgenden Ausführungen.

Farbkarpfen sind Haustiere

Die Farbkarpfen zählen zu den Knochenfischen, die wiederum die artenreichste Wirbeltiergruppe darstellen. Die Ordnung der Cypriniformes beinhaltet auch die Familie Cyprinidae, worin die Karpfen eingereiht werden. Die Cyprinidae, zu deutsch Weißfische genannt, sind unter anderem durch bestimmte Körpermerkmale gekennzeichnet. Der Körper ist meist mit Rundschuppen (Cycloidschuppen) bedeckt, seltener sind sie schuppenlos. An den Mundwinkeln sind meist zwei Barteln vorhanden. Die Schlundzähne besitzen eine artspezifische Anordnung. Als Wiederlager dient ihnen der sogenannte Mahlstein, eine hornartige Besonderheit an der Schädelbasis. Die Schwimmblase ist zweiteilig angeordnet.

Die Weißfische entwickelten eine hohe Anpassungsfähigkeit an die unterschiedlichsten Gewässerabschnitte und deren Wassertiefen. Karpfen, Barbe und Schleie sind Grundfische.

An der Oberfläche lebt die Ukelei. Der Döbel, Gründling, Hasel und die Nase aber auch die Barbe sowie die Ukelei finden sich in stark fließenden Gewässern. Dagegen bevölkern die langsam fließenden Unterläufe der Flüsse die Brachse, der Güster und die Rotfeder. Das Futter der Weißfische besteht aus Würmern, Krebschen, Muscheln und allerlei Wasserinsekten. Einige Arten wie der Karpfen und Döbel jagen auch andere, kleinere Fischarten. Selbst der Farbkarpfen vergreift sich manchmal an kleinwüchsigeren Fischen.

Die Vorfahren der heutigen Farbkarpfen sind die aus der Gattung der Karpfen, *Cyprinus*, stammenden Fische, der Art *Cyprinus carpio* LINNE, 1758. Die Rassenbildung der domestizierten Karpfen ist durch die langanhaltende „Teichwirtschaft" stark fortgeschritten. Möglichst hohe Fleischgewinnung und widerstandsfähige Fische waren und sind auch heute noch angestrebte Zuchtziele in Europa und Ostasien. Die auffälligsten körperlichen Unterschiede stellen die Besonderheiten in der Beschuppung dar und lassen die Rassen leicht voneinander unterscheiden. Die Schuppenkarpfen verfügen über ein vollständiges Schuppenkleid. Die Spiegelkarpfen besitzen lediglich eine Reihe von Schuppen unterhalb der Rückenflosse. Bei den Zeilenkarpfen ist eine Reihe gleichmäßiger Schuppen vorhanden und schließlich fehlt bei den Nackt- oder Lederkarpfen jegliche Beschuppung. Innerhalb der Rassen und ihrer Schläge ließen sich im Laufe der Zuchtanstrengungen immer wieder auffällige Veränderungen beobachten. Ähnliche Rassenbildungen können ebenfalls bei den ostasiatischen, domestizierten Karpfen beobachtet werden, wie zum Beispiel am extrem langsamwüchsigen Kumparikarpfen. Am ausgeprägtesten ist die farbliche Vielfalt bei den asiatischen Farbkarpfen, bei denen die Farbschläge verschiedentlich auch mit weiteren körperlichen Merkmalen anderer Rassen vereint werden, um immer wieder neue Formen herauszuzüchten.

Die Frage ab wann eine über längere Zeit im Hausstand gepflegte Wildtierart als domestiziert angesehen werden kann, ist nicht ohne weiteres zu beantworten. Als Haustiere können Tiere angesehen werden, die über Generationen hinweg unter Obhut des Menschen gepflegt und zur Vermehrung gebracht werden. Dabei unterliegen diese Tiere mehr oder weniger auffälligen Veränderungen im Aussehen und Verhalten. Die Anpassung an den Hausstand bewirkt auch erhebliche Veränderungen im gesamten Organismus. Zum Beispiel können sich Sinnesleistungen verändern, einzelne Organe in ihrer Funktion Veränderungen erfahren, was unter anderem zu einem zur Stammart abweichenden Stoffwechsel führen kann.

Die beiden Begriffe Domestikation und Haustiere sind in gewisser Weise mit der Geisteshaltung jeweiliger Kulturen und Epochen verbunden. Haustiere stammen immer aus größeren, mehr oder weniger in sich geschlossenen, gepflegten Bestände. Wann nun eine im Hausstand gepflegte Tierart als domestiziert angesehen werden kann, wird sehr unterschiedlich beurteilt. Zugleich nehmen auch die Generationsfolgen und die damit einhergehenden Veränderungen starken Einfluß auf die Domestikationsstufe. Generell wird angenommen, daß es mehrere tausend Jahre benötigt, bis eine Tierart als domestiziert betrachtet werden kann. Bei den Farbkarpfen und den Goldfischen ist eine Domestikation unangefochten gegeben. Manche Fischarten, wie die ursprünglich nordamerikanischen Regenbogenforellen, entwickelten sich schon in Jahrzehnten zu Nutzhaustieren. Selbst bei den tropischen Aquarienfischen zählt man heute manche Arten zu den Haustieren. Der Siamesische Schleierkampffisch, *Betta splendens,* und der Schwertträger, *Xiphophorus helleri,* werden als Haustiere angesehen. Ihre Anpassung an den Hausstand erfolgte in wenigen Jahrhunderten, ja sogar Jahrzehnten.

Die Pflege von Tieren im Hausstand ist vorwiegend von wirtschaftlichen Überlegungen geprägt. Haustiere dienen zwar hauptsächlich der menschlichen Ernährung. Aus den nicht eßbaren Körperteilen wurden und werden auch heute noch allerlei Gebrauchsgegenstände gefertigt. Der Gedanke, Haustiere aus purer Freude am Lebewesen im Hausstand zu pflegen, ist aber bei weitem nicht in unserer Zeit entsprungen. Schon vor rund 2000 Jahren waren die chinesischen Gärten zum Teil auch Nutzgärten, in denen Gemüse und Obst sowie auch Speisefische, wie die Karpfen, kultiviert, beziehungsweise gepflegt wurden. Manche Gärten entwickelten sich mit der Zeit sogar zu regelrechten Menagerien, in denen neben einheimischen Tieren auch exotische Arten gehalten wurden. Diese chinesischen Gärten können als die Vorläufer der heutigen Zoologischen Gärten angesehen werden.

Selbst durch die lange Zeit, die sich die Farbkarpfen nun schon in menschlicher Obhut befinden, haben sie sich nicht soweit von ihrer Stammart entfernt, daß sich die Zuchtrassen nicht mit wildlebenden Individuen verpaaren könnten. Zwar können Abweichungen im Verhaltensmuster eine Verpaarung erschweren, trotzdem ist es möglich, daß sich in die Natur eingebrachte Zuchtrassen mit Wildformen vermischen können. In solch einem Falle könnten die wildlebenden Populationen in ihrem ursprünglichen Fortbestand gefährdet sein. Gleichzeitig können ausgewilderte Farbkarpfen das ökologische Gleichgewicht eines natürlichen Gewässers empfindlich stören. Bei ausgesetzten Goldfischen sind heute die daraus entstandenen Probleme bekannt.

Achtung: Es versteht sich von selbst, daß auch Farbkarpfen nicht in natürlichen Gewässern „entsorgt" werden dürfen.

Obwohl bei Farbkarpfen, im Gegensatz zu den Goldfischen, ein unbedachtes Aussetzen wohl eher selten vorkommt, sei dies hier dennoch erwähnt, um zu vermeiden, daß durch Unwissenheit der einheimischen Flora und Fauna Schaden zugefügt wird.

Bei Teichanlagen, die nach englischem Vorbild gebaut sind, können die Farbkarpfen bequem im Stehen oder auf der Mauer sitzend beobachtet werden. Als Haustiere können die Fische eine große Zutraulichkeit entwickeln. Sie lassen sich füttern oder sogar berühren. Foto: Hans Gonella

Die Entwicklungsgeschichte der Karpfen, *Cyprinus carpio*, begann im Miozän, vor über 2 Mio. Jahren in Zentraleuropa. Die Karpfen breiteten sich bis Ostasien aus. Sie gelangten dabei aber nicht auf die Britischen Inseln; auch Nordamerika wurde nicht besiedelt. Im Laufe der erdgeschichtlichen Ereignisse, wie durch die Einflußnahme der Eiszeiten, wurden die Verbreitungsgebiete der Karpfen geteilt. Im Donauraum und in China entwickelten sich die verbliebenen Populationen weiter und es entstanden verschiedene Unterarten. In Europa sind etwa drei bekannt und in Ostasien sind es rund sieben Karpfen-Unterarten, wovon vier ausschließlich in China heimisch sind.

Die unterschiedlichen örtlichen Formen variieren nicht nur im Aussehen, sondern sie zeigen auch voneinander abweichende anatomische Merkmale, wie zum Beispiel die Anzahl Wirbelkörper dies ersichtlich machen. Selbst in der Lebensweise bestehen erhebliche Unterschiede. So besiedeln die Wildkarpfen Teiche und Seen, in denen sie auch überwintern. Nebst in seichten und fast stehenden Gewässerabschnitten kommen Wildkarpfen auch in schnell fließenden Flüssen vor. Je nach Gegebenheiten unternehmen Wildkarpfen auch weite Wanderungen, um zum Beispiel geeignete Laichplätze in seichten Überschwemmungsgebieten aufzusuchen. Am Kaspischen, Asowschen sowie am Schwarzen Meer dringen Wildkarpfen sogar bis ins Brackwasser vor.

Die Karpfen haben eine nicht unwichtige wirtschaftliche Bedeutung. Sie werden in natürlichen Gewässern befischt und mit Vorliebe in der Teichwirtschaft in möglichst kurzer Zeit bis zur Verkaufsgröße herangezogen. Die heute zum Haustier gezüchteten Rassen weisen ein wesentlich schnelleres Wachstum als die Wildform auf. Gekennzeichnet sind sie durch den größeren Fleischertrag und die hochrückigere Körperform.

Die natürlichen Verbreitungsgebiete

Durch die alte Tradition, die Karpfen als Teichfische zu halten, welche bis ins Altertum zurückreicht, ist es heute kaum mehr möglich, die ursprünglichen Verbreitungsgebiete auszumachen. Aufgrund von Fossilienfunden ist bekannt, daß die Karpfen im Spätpliozän, vor etwa zwei Millionen Jahren, in großen Teilen Europas weit verbreitet waren. Während der Würmeiszeit wurden die Karpfenpopulationen für einige Zeit nach Südosten zurückgedrängt.

Hinweis: **Die mittelalterlichen Mönche trugen dazu bei, die Karpfen in beinahe ganz Europa zu verbreiten, so daß es heute unmöglich ist, die Ursprungsgebiete genau zu definieren.**

Eine ähnliche Situation in Ostasien macht auch dort eine genaue Festlegung der natürlichen Verbreitungsgebiete unmöglich. In neuerer Zeit gelangten die Karpfen unter anderem durch die Teichwirtschaft nach Sibirien, Nordamerika, ja sogar bis nach Südamerika. Auch in Südafrika, Australien und Neuseeland wurden Karpfen eingeführt. Selbst in jenen Regionen, in denen die Karpfen ausschließlich in eigens dazu angelegten Teichen gezüchtet wurden, gelangten die Fische in die freien Gewässer und bedrohten leider an manchen Orten die einheimischen Fischarten. Beispielsweise in Wisconsin, USA, verdrängten die Karpfen in einigen Seen die einheimischen Fische vollends. Besonders der Flußkarpfen vermochte in Ostasien weite Gewässersysteme zu besiedeln. Der seit dem 19. Jahrhundert regelmäßig eingeführte Karpfen wurde in Südaustralien und Victoria sogar zum Schadfisch erklärt, da der Konkurrenzdruck auf die einheimischen Fischarten unermeßliche Schäden anrichtete. Als vorwiegend in Bodennähe der Uferzonen lebende Fische, finden sich Karpfen auch in tieferen Gewässerabschnitten.

Tip: **Zum Ablaichen benötigt er ein im seichten Wasser liegendes Pflanzensubstrat.**

Ihre Nahrung finden sie beim ausgiebigen Wühlen im schlammigen Bodengrund. Neben kleinen Wirbellosen fressen sie auch gerne Nahrung pflanzlichen Ursprungs.

In manchen Bereichen weicht das Verhalten der Farbkarpfen kaum vom Verhalten der wildlebenden Verwandten ab. Trotzdem können die Bedürfnisse der Zuchtfische nur teilweise mit Wildfischen verglichen werden. Foto: Hans Gonella

Übersicht zum natürlichen Verhalten

Ihrer großen Anpassungsfähigkeit verdanken die Karpfen ihre weiträumige Verbreitung. Karpfen leben sowohl im sauerstoffreichen, wie auch im sehr sauerstoffarmen Wasser. Mit Vorliebe halten sie sich dicht über dem Bodengrund auf. Bei der Nahrungssuche, aber zeitweise auch während Ruhephasen, graben sie sich regelrecht in den schlammigen Boden ein. Im Pflanzengewirr ausgedehnter Uferzonen finden sie ausreichend Verstecke. Wildkarpfen können eher als scheue und vorsichtige Fische bezeichnet werden. Sofern Verstecke vorhanden sind, werden sie gerne genutzt. Im freien Wasser zeigen sich Wildkarpfen auch als ausdauernde Schwimmer. Mit mehreren kräftigen Schwanzschlägen sind sie zudem in der Lage, blitzschnell aus dem Stand heraus die Flucht zu ergreifen. Die eher schwerfällig wirkenden Karpfen sind jedoch durchaus agile und wendige Fische, die bei Bedarf auch über die Wasseroberfläche hinausspringen können.

Die Farbkarpfen besitzen im Gegensatz zu ihren wildlebenden Verwandten ein viel ruhigeres Temperament. Ihnen wird außerdem eine große Zutraulichkeit zugeschrieben. Trotzdem sind auch bei Farbkarpfen desöfteren Verhaltensweisen zu beobachten, die der Wildform entsprechen. So besitzen die einzelnen Individuen sehr unterschiedliche Charaktere, darauf soll aber in einem der folgenden Abschnitte noch eingehender eingegangen werden. Das heißt bei Farbkarpfen finden sich zutrauliche wie auch scheue Exemplare. Letztere benutzen dann auch die vorhandenen Versteckmöglichkeiten, so daß sie der Betrachter nur noch selten zu Gesicht bekommt. Dicht bepflanzte Naturteiche können demzufolge nicht uneingeschränkt als die beste Pflegemöglichkeit empfohlen werden, da die Fische ihre natürlichen Verhaltensweisen nicht völlig verloren haben. Dasselbe gilt auch für das ausgiebige Wühlen im Bodengrund. Dennoch sind auch Farbkarpfen, denen Verstecke oder die Möglichkeit des Wühlens vorbehalten bleiben, nicht falsch gepflegt. Der angehende Koipfleger bedenke bitte, daß durch die jahrtausendlange fortschreitende Domestikation die natürlichen Verhaltensweisen an Bedeutung verloren haben. Diese und andere Argumente werden auch in den noch nachfolgenden Ausführungen verdeutlichen, daß es sich bei den Farbkarpfen eben doch um richtige Haustiere handelt, die sich ganz an die veränderten Lebensumstände angepaßt haben.

Die körperlichen Besonderheiten der Farbkarpfen

Der Körperbau der Farbkarpfen unterscheidet sich in vielerlei Hinsicht kaum von anderen Knochenfischen. Einige Besonderheiten gibt es aber dennoch. Einmal vom äußeren Erscheinungsbild abgesehen, bestehen zudem zwischen den verschiedenen Zuchtrassen – aber auch den Wildkarpfen – keine anatomischen Unterschiede. Einzig in Größe oder in der Ausgeprägtheit der Funktion der Organe können „unwesentliche" Unterschiede auftreten. Beides hat jedoch für die Pflege und Zucht von Farbkarpfen keinerlei Bedeutung, sondern ist lediglich von wissenschaftlichem Interesse. Beim Karpfen ist der Verlust der Schuppen eine der auffälligsten Veränderungen beim Haustierwerden.

Hinweis: Bei domestizierten Tierarten kann – im Gegensatz zu ihren wilden Vorfahren – sich auch das Gehirnvolumen verringern. Aber auch das Gegenteil kann der Fall sein.

Die Zuchtauswahl kann durch einen veränderten Stoffwechsel das Wachstumstempo beeinflussen. Als ungewöhnliche Abweichung erscheinen Veränderungen bei den Augen, der Haut oder in der Beflossung, die sich beispielsweise in Schleierformen ausdrücken. Einmal von bewußt angestrebten Zuchten, bei denen durch gezieltes Einkreuzen gewisse Körpermerkmale abnorme Veränderungen erfahren, ist eine Wandlung der Organfunktionen nicht unbedingt als eine Degeneration zu betrachten. Viel eher beruhen diese Veränderungen auf einer Anpassung an die künstlich herbeigeführten Lebensbedingungen im Umfeld des Menschen.

Der Körperbau der Karpfen

Nachfolgend aufgeführte, interessant scheinende Körpermerkmale sollen einen Überblick des Körperbaus der Karpfen beziehungsweise der Farbkarpfen vermitteln.

Hinweis: Die Körperform der Farbkarpfen verrät uns, daß die Fische sowohl in stehenden als auch fließenden Gewässern leben können.

Ein stromlinienförmiger Körper und eine kräftige Seitenmuskulatur ermöglichen ein schnelles Vorwärtskommen.

Den karpfenähnlichen Fischen und somit auch den Farbkarpfen fehlen die Kieferzähne. Stattdessen besitzen sie ein bis drei Reihen Schlundzähne. Die Karpfen verfügen über eine erneuerbare Bezahnung, die sogar mehrmals im Jahr ersetzt werden kann. Der Grund hierfür ist darin zu suchen, daß ihr Zahnschmelz bei der Nahrungsaufnahme durch die starke Beanspruchung schnell abgekaut wird. Die Schlundzähne dienen vor allem dem Zerquetschen der Nahrung. Der Zahnwechsel vollzieht sich vielfach im Winter, wenn die Fische kaum Nahrung aufnehmen. Sozusagen als Widerlager für die unteren Schlundzähne besitzen Karpfen eine Kauplatte, die auch Mahlstein genannt wird.

Die Karpfen verfügen über ein großes ausstülpbares Maul. Sie haben sowohl große Geschmackspolster im Gaumendach, als auch zahlreiche Geschmacksknospen an Lippen und Barteln. Der gut entwickelte Geschmackssinn ermöglicht es den Fischen auch im Schlamm allerlei Freßbares aufzuspüren.

Showa Sanshoku: *Als Showa werden Fische bezeichnet, die eine schwarze Grundfärbung mit roter und weißer Fleckung haben. Diese Variante ist mit schwarzen Brustflossen und schwarzen Kopfflecken gekennzeichnet. Foto: Aqualife*

Die Haut der Karpfen besteht aus der Oberhaut (Epidermis) und der Lederhaut (Corium). In der aus mehreren Schichten bestehenden Oberhaut sondern Schleimzellen ein Sekret ab. Dieses dient zum Schutz vor äußeren Einwirkungen wie Parasitenbefall und unterstützt einen optimalen Wasserhaushalt im Fischkörper. In der Lederhaut werden die Schuppen gebildet.

Die Farbkarpfenzucht hat in Japan eine lange Tradition. Dies spiegelt sich auch in den großzügig angelegten Verkaufsanlagen wider. Der Blick auf eine japanische Verkaufsanlage zeigt, wie die Fische im Handel angeboten werden.
Foto: bede-Verlag

Außerdem befinden sich die Farbpigmentzellen in der Lederhaut.
Die Farbkarpfen haben rundliche Cycloidschuppen. Bei den voll beschuppten Rassen bedecken über 1000 Schuppen die Körperoberfläche. Die Schuppen dienen dem Schutz gegen mechanische Verletzungen. Sie wachsen mit dem Größerwerden der Fische und bilden sogenannte Wachstumsringe aus, die zur Altersbestimmung herangezogen werden können. Allerdings ist dies nur bei einer Freilandhaltung möglich. Schmale Winterringe und breitere Sommerringe lösen einander ab, was bei gleichbleibenden Pflegetemperaturen natürlich nicht gegeben ist. Verlorengegangene Schuppen wachsen in der Regel wieder nach, sofern die darunterliegenden Hautschichten keine Beschädigungen aufweisen.
Entlang der Rückenpartie verläuft die verhältnismäßig lange Rückenflosse. Mit den beweglichen Brustflossen gelingt es den Karpfen sogar rückwärts zu schwimmen. An der Körperunterseite liegen die paarigen Bauchflossen und die Afterflosse. Die am kräftigen Schwanzstiel liegende Schwanzflosse ermöglicht den massigen Fischen ein erstaunlich gezieltes und schnelles Vorwärtskommen. Neben den Organen, wie unter anderem Herz, Leber und Niere, verfügen die Karpfen über einen langen Darm, der es ihnen erlaubt, nebst tierischer Nahrung auch den großen pflanzlichen Anteil der Nahrung optimal zu verwerten. Ein Magen, wie er bei fleischfressenden Fischen zu finden ist, fehlt den Karpfen. Mit der zweikammerigen Schwimmblase können die Karpfen durch Abgabe oder Aufnahme von Gasen ihr spezifisches Gewicht an den jeweiligen Wasserdruck in den verschiedenen Tiefen anpassen und so ihre Position im Wasser ohne Kraftaufwand beibehalten.

Die Sinnesleistungen der Farbkarpfen

Die Karpfen verfügen über verschiedene Sinnesorgane zur Wahrnehmung ihrer Umwelt, wie zur Futtersuche oder zur inner- und außerartlichen Erkennung von Individuen. Die Augen der Karpfen entsprechen in ihrem Bauplan jenem der übrigen Wirbeltiere. Seitlich angeordnet, bieten sie den Fischen sozusagen ein rundum verlaufendes Gesichtsfeld. Bis zu einem gewissen Grade korrigiert sich die Lage des Auges je

nach Körperhaltung selbständig. Den Karpfen ist ein relativ gutes Sehvermögen gegeben. Auch das Farbsehen ist möglich.
Obschon bereits im alten China die Goldfische mit Glöckchen an die Futterstelle gelockt wurden, galten die Fische bis in jüngste Zeit als taub, dabei ist das Wasser ein guter Leiter für den Schall. So ermöglicht das Hörvermögen auch den Karpfen bei schlechter Sicht das Geschehen in ihrer Umgebung im Bereich von 300 bis etwa 1000 Hz wahrzunehmen. Das Hörvermögen verdanken die Karpfen dem Weberschen Apparat. Dieser koppelt die Schwimmblase mit kleinen Knöchelchen an das Innenohr.
Wie bereits eingangs erwähnt, ist der Geschmackssinn bei Karpfen außerordentlich gut ausgeprägt. In der Mundöffnung und an den Barteln befinden sich Geschmacksrezeptoren, wie übrigens auch in der Nase.
Die Seitenlinien bilden ein zusätzliches Sinnesorgan, das bei vielen Fischarten vorhanden ist.

Achtung: Mittels der Seitenlinien können die Fische schon kleinste Druckwellenveränderungen wahrnehmen. Selbst in absoluter Dunkelheit können sich die Fische so in ihrer Umgebung zurechtfinden.

Am besten ist das Seitenliniensystem seitlich, entlang der Rumpfmitte zu erkennen. Vom Schwanzende bis hinter die Kiemen verläuft der mit „Schleim" gefüllte Kanal unter der Haut, dessen Öffnungen nach außen in Form von regelmäßig angeordneten kleinen sichtbaren Punkten zu erkennen sind.

Geschlechtsunterschiede bei Farbkarpfen

Die Unterscheidung der Geschlechter ist bei Karpfen und insbesondere bei Farbkarpfen nicht ganz einfach. Bei Jungfischen ist eine Geschlechtsbestimmung anhand äußerlicher Merkmale fast unmöglich. Auch außerhalb der Laichzeit gleicht die Geschlechtsbestimmung bei erwachsenen Fischen für den Laien eher einem Ratespiel. Einmal davon abgesehen, daß bei den gewerbsmäßigen Züchtern andere Kriterien gelten, spielt es für den privaten Pfleger keine Rolle, wie sich die Geschlechterverteilung im Teich darlegt. Da Farbkarpfen ohnehin in größeren Gruppen gepflegt werden, kann davon ausgegangen werden, daß auch Fische beider Geschlechter vorhanden sind. Durch die friedliche Wesensart der Farbkarpfen gegenüber ihren andersgeschlechtlichen Artgenossen muß auch nicht auf eine bestimmte Geschlechterverteilung geachtet werden.
Einige Merkmale können jedoch trotzdem zu einer Geschlechtsbestimmung erwachsener Exemplare herangezogen werden. Zur Laichzeit zeigen Weibchen einen rundlichen Bauch, deren Fülle auch von oben gesehen gut ersichtlich ist. Währenddessen sind die männlichen Farbkarpfen an der schlankeren Körperform zu erkennen. Als ein weiteres Unterscheidungsmerkmal kann die unterschiedliche Form der Geschlechtsöffnungen genannt werden. Weibchen verfügen über eine eher runde, vorstehende Geschlechtsöffnung, die zur Laichzeit stark anschwillt. Die Geschlechtsöffnung der Männchen ist dagegen eher schlitzförmig. Die Geschlechtsöffnung oder Kloake, liegt zwischen den Bauchflossen und der Afterflosse an der Bauchunterseite und ist natürlich bei den im Teich gepflegten Fischen nicht sichtbar. Zur Kontrolle müßten die Fische aus dem Teich gehoben werden. Dabei wäre festzustellen, daß sich der Bauch der Weibchen wesentlich weicher anfühlt als jener der Männchen. Beim Männchen ließen sich durch vorsichtiges Abstreifen am Bauch auch etwas Milch, beziehungsweise Spermien aus der Geschlechtsöffnung auspressen. Kurz vor der Laichzeit würden beim Weibchen dagegen beim gleichen Vorgang einige Eier zum Vorschein kommen. Allerdings dürfen Farbkarpfen, die nicht über eine außergewöhnliche Zutraulichkeit verfügen, nicht solchen Prozeduren ausgesetzt werden. Das gilt für das Herausfangen aus dem Teich, wie auch für ein Abstreifen der Geschlechtsprodukte. Der für die Fische entstehende Streß oder die möglicherweise zugefügte kleineren Verletzungen würden mehr Schaden anrichten, als daß daraus ein Nutzen erwachsen würde.

Allgemeines zur Farbkarpfenzucht

Im Winter werden die Fische in sogenannten Fischhäusern gepflegt.

Außenanlage einer japanischen Zuchtstation Fotos: bede-Verlag

Um das Wichtigste gleich vorwegzunehmen, Farbkarpfen werden heute unter anderem in Deutschland, Israel, Taiwan und natürlich in ihrem „Ursprungsland" Japan gezüchtet. Aufgrund der verschiedenen klimatischen Bedingungen und Zuchtbedingungen in diesen Ländern können unterschiedliche Erreger zu verschiedensten Krankheiten führen. Und obwohl Zuchtfische aus Israel oder auch Singapur vergleichbar schöne Resultate hervorbringen, können sie Probleme hervorrufen, wenn sie beispielsweise mit Fischen aus Japan vergesellschaftet werden. Durch die verschiedenen Aufzuchtbedingungen haben die Fische aus unterschiedlicher Herkunft jeweils eine gute Resistenz gegenüber den landesüblichen Krankheitserregern herausgebildet und werden bei guter Pflege auch nicht krank, selbst dann nicht, wenn die Krankheitserreger latent vorhanden sind. Zum Beispiel heißt das, wenn es den japanischen Fischen an der natürlichen Widerstandskraft gegenüber vorhandenen fremden Krankheitserregern fehlt, werden sie in kürzester Zeit an Infektionskrankheiten sterben, die ihren Artgenossen – beispielsweise aus Israel – nichts anhaben können. Natürlich kann auch das Umgekehrte der Fall sein.

Tip: Es dürfen keine Fische unterschiedlicher Herkunft miteinander vergesellschaftet werden.

Schon häufiger haben Liebhaber einen schönen und teuren japanischen Farbkarpfen zu ihrem bestehenden Fischbesatz hinzugekauft und in der Folge ihren gesamten Besatz eingebüßt.

In diesem Zusammenhang ist es auch von Vorteil, seine Fische bei einem renommierten „Koi-Händler" zu erwerben. Leider haben sich in vergangener Zeit manche Fischhändler als „Schwarze Schafe" in der Branche erwiesen, als sie versuchten, auf die Schnelle aus dem „Koi-Boom" ihren Profit zu ziehen. Dabei haben sie billigere Nachzuchten aus den verschiedensten Ländern erworben und als „echte" japanische Fische für teures Geld angeboten. Dies macht zwar diese Zuchtfische nicht schlechter, dafür aber waren die Verluste in den Teichen um so größer. Selbstverständlich können auch Krankheiten mit frisch eingebrachten Fischen aus derselben Zuchtgegend in eine Teichanlage gelangen. So dürfen mögliche Probleme nicht in jedem Fall mit den eben genannten Schwarzen Schafen unter den Händlern in Verbindung gebracht werden.

Tip: Es ist sicher wertvoll, mit einem ausgewiesenen Fachhändler ein Vertrauensverhältnis aufzubauen.

In diesem Zusammenhang ist es natürlich auch wichtig, daß nach dem Einbringen neuer Fische in die Teichanlage alle Tiere regelmäßig auf Veränderungen im Gesundheitszustand hin kontrolliert werden, um bei Bedarf frühzeitig reagieren zu können.

Die japanischen Zuchtformen

Auch in Japan ist es nicht leicht, wirklich gute Farbkarpfen zu finden. Oft sind die Züchter sehr zurückhaltend, was letztendlich mit der asiatischen Zurückhaltung und Besonnenheit erklärt werden kann. Das langsame Anknüpfen von Beziehungen hilft jedoch weiterzukommen. Hinzu kommt, daß Farbkarpfen von absoluter Spitzenqualität auch in Japan nicht an jeder Straßenecke anzutreffen sind. Erschwerend ist zudem, daß zukünftige Schönheiten unter den halbwüchsigen Fischen nur durch ein außerordentlich geschultes Auge zu erkennen sind. Der Grund, daß erstklassige Spitzenfische eher selten von Japan nach Europa ausgeführt werden, liegt jedoch nicht an irgendeinem geheimnisvollen Umstand, sondern ist dadurch erklärbar, daß die Japaner bereit sind, einen viel höheren Preis für die schönsten Fische zu bezahlen. Nebst den Preisvorstellungen besitzen die Japaner auch eine abweichende Vorstellung, wie ein schöner Farbkarpfen auszusehen hat. Der japanische Geschmack bevorzugt vor allem rot-weiße Fische, während in Europa wieder andere Farbformen beliebt sind. Schlußendlich entscheidet auch in den Zuchtfarmen die Nachfrage das Angebot und viele Betriebe haben sich auf die Zucht bestimmter Farbschläge spezialisiert. Hin und wieder richten manche Zuchtfarmen ihre Aufmerksamkeit auch wieder anderen Farbschlägen zu, um auf eine sich veränderte Nachfrage rechtzeitig reagieren zu können.

Tip: Das Geheimnis der erfolgreichen Farbkarpfenzucht basiert in Japan vor allem auf der großen Erfahrung und einer intensiven Betreuung der Fische.

Renomierte Farmen für die Aufzucht von Farbkarpfen sind heute nach modernen wirschaftlichen Prinzipien geführte und gut organisierte Betriebe, die nichts dem Zufall überlassen. Neben Fischhäusern aus Glas, deren Grundfläche fast ausschließlich aus betonierten Teichanlagen bestehen, in denen die Fische während der kalten Jahreszeit Platz finden, ergänzen verschiedene Freilandteiche einen Zuchtbetrieb. Während den wärmeren Jahreszeiten befinden sich dann die meisten Fische in den Außenanlagen. Die künstlich angelegten Freilandteiche verfügen in der Regel über einen Bodengrund aus Lehm, der das Wasser milchig-weiß trübt. Je nachdem stehen verschiedene solcher Teichanlagen zur Verfügung. Die einen bieten den wertvollsten Fischen Platz, wieder andere, flach auslaufende Teiche, sind für die Fortpflanzung vorgesehen. In weiteren Teichanlagen werden die nach Größe und Farbe sortierten Farbkarpfen herangezogen, bis sie im Winter wieder in die Glashäuser überführt werden.

Von etwa einer Million Jungfische verbleiben gerade noch rund 20 000 Tiere, die durch ihre besondere Körperfärbung in den Handel gelangen. Alle anderen Fische werden durch laufendes Kontrollieren aussortiert. Dies beginnt etwa nach 40 Tagen nach dem Ablaichen im Mai, wenn die Fische mit einer Körperlänge von rund 3 cm zum ersten Mal auf ihre Farbmerkmale hin selektiert werden. Danach wiederholt sich das Verfahren etwa alle 20 bis 30 Tage, bis Ende Oktober die verbliebenen Fische zur Überwinterung in die Glashäuser gelangen. Auch während der Winterzeit findet monatlich eine Selektion statt. Im März, in einem Alter von knapp einem Jahr sind die jungen Farbkarpfen bis zur Verkaufsgröße herangewachsen und werden der Kundschaft angeboten. Viele Zuchtfarmen behalten einen Teil der schönsten Exemplare, um sie in den Außenteichen weiter heranwachsen zu lassen.

Tip: Hoffnungsvolle Spitzenfische werden später auch dementsprechende Spitzenpreise erzielen.

In Japan ist es auch üblich, daß Privatkunden auf eigenes Risiko ihre eben gekauften Jungfische auf der Farm belassen, um sie erst später mit einer Körperlänge von rund 50 cm in Empfang zu nehmen. Um die Fische nach einem Jahr oder länger wiederzuerkennen, werden von ihnen Fotos angefertigt. Die Pflegegebühr von rund 1000 Mark, die der Farm entrichtet werden muß, ist in der Regel eine gute Kapitalanlage, da die Fische durch die optimale Pflege ein Vielfaches des ursprünglichen Werts erhalten. Manchmal kommt es auch vor, daß Zuchtbetriebe besonders schöne Fische von der Privatkundschaft für einen angemessenen Preis zurückkaufen. Von anfänglich einer Million Jungfische werden nach drei bis vier Jahren gerade noch zehn bis 20 der besten Fische in der Farm für weitere Zuchtzwekke zurückbehalten, um eine neue Generation Farbkarpfen heranzuziehen.

Betrachtet der Koifreund den großen Arbeitsaufwand sowie die benötigten Platzverhältnisse und auch das damit verbundene Risiko, so scheinen die hohen Preise für japanische Farbkarpfen gerechtfertigt zu sein. Währenddessen Jungfische, die aus aussortierten Beständen stammen, für einen Stückpreis von rund DM 1,50 erhältlich sind, haben die etwa 15 cm langen, angehenden Spitzentiere wohl zurecht einen Ankaufspreis von mehreren hundert bis tausend Mark. Besonders ausgesuchte Exemplare wechseln ihren Besitzer sogar für mehrere tausend Mark oder stehen gar nicht zum Verkauf frei. Berücksichtigt man die Wertsteigerung bei Wettbewerbssiegern, die bis über eine halbe Million DM gehandelt werden, erstaunt es wenig, daß eine kaufkräftige Kundschaft bereit ist, solche Preise zu bezahlen. Dabei kann dieses Vorgehen nicht einmal als Spekulation abgetan werden, denn viele der stolzen Besitzer trennen sich normalerweise nicht von ihren liebgewonnenen und prestigeträchtigen Fischen, sondern pflegen sie weiterhin liebevoll in ihren privaten Teichanlagen.

Die Zucht von Farbkarpfen außerhalb Japans

In diesem Abschnitt soll keineswegs versucht werden, die züchterischen Bemühungen außerhalb Japans schlecht zu machen. Allerdings darf man sich wohl zurecht fragen, ob die Resultate einer tiefverwurzelten, traditionellen japanischen Farbkarpfenzucht ohne weiteres nachgeahmt werden können. Rein aus fachlicher Sicht gesehen, ist dies wohl möglich. Gute Fischzüchter, die mit viel Enthusiasmus und großer Schaffenskraft an die Arbeit gehen, können überall auf der Welt Erfolge erzielen. Ob damit aber tatsächlich auch vergleichbare Resultate erwartet werden können, das bleibt zumindest heute noch umstritten. Wohl liegt es weniger an den Züchtern, als am kulturellen Umfeld in dem sie leben und welches auch ihr Handeln beeinflußt. Hinzu kommt, daß japanische Zuchtfarmen, meist Familienbetriebe, ihr Wissen von Generation zu Generation weitergeben und die Erfahrungen vieler zu Synergien führen. Aber um es nochmals zu untermauern: dies soll die Farbkarpfenzucht in Deutschland oder in Israel nicht verunglimpfen. Auch Züchtereien außerhalb Japans haben in der vergangenen Zeit beachtliche Erfolge erzielt. Solange die angebotenen Fische ordnungsgemäß nach ihrem Ursprung deklariert werden und sich dies auch im Preis niederschlägt, ist die Farbkarpfenzucht außerhalb Japans sicher als Bereicherung zu begrüßen. Gerade in Israel werden sehr schöne Fische nachgezüchtet. Auch in Deutschland haben sich einige Zuchtfarmen bereits einen Namen geschaffen. Trotzdem steckt die Farbkarpfenzucht außerhalb Japans noch in den Kinderschuhen.

Achtung: Klimatische Unterschiede, aber auch der jeweilige Wissensstand der Züchter, können zu Resultaten führen, die sich bei der Farbkarpfenpflege bemerkbar machen.

Sicher benötigen Fische aus Warmwasserzuchten ganz andere Anpassungszeiten an unsere klimatischen Verhältnisse, als Fische, die bereits über Generationen hinweg ihre natürliche Widerstandskraft unter kühleren Zuchtbedingungen stärken konnten. Die Verlustrate ist wahrscheinlich kaum zu beziffern. Doch ist anzunehmen, daß neben einer falschen Pflege, beziehungsweise falschen Hälterung, ein Großteil der auf die Schnelle gezüchteten Fische eigentliche Todeskandidaten sind. Dies müßte nicht sein, wenn sich der Pfleger über die Herkunft und über die Pflegeanforderungen im Klaren wäre.

Die international verwendeten Rassenbezeichnungen erhalten die Farbkarpfen aus der japanischen Sprache. Es bestehen oft einige Unsicherheiten bezüglich der korrekten Schreibweise. Dies beruht auf unterschiedlichen phonetischen Übersetzungen, beziehungsweise Betonungen einzelner Wortteile. Die hier benutzten Bezeichnungen beruhen jedoch auf den im deutschen Sprachraum gebräuchlichen Formen.

Die Farbkarpfen werden in Japan in mehrere Systeme, es ließe sich auch sagen: Standards, eingeteilt. Die Aufteilung richtet sich nach farblichen und körperlichen Merkmalen, wie auch der Körperzeichnung. In Europa hat sich das nachfolgende System etabliert, welches besonders dem Neueinsteiger entgegen kommt, sich in kurzer Zeit in der japanischen Namensgebung der Farbkarpfen zurechtzufinden. Jedoch sind mehrere hundert weitere Farbvarianten bekannt, die hier nicht genannt werden.

Zur Erkennung der „klassischen" Grundformen zählen Unterscheidungen in der Färbung, Musterungen und der Beschuppung der Fische. Die Farbenpalette reicht von Weiß über Gelb zu Orange und Rot. Fische mit blauer, grüner, wie auch brauner und schwarzer Farbe ergänzen das Spektrum des Farbenspiels. Ebenso in der Musterung der Körperzeichnung finden sich unterschiedliche Varianten. Auffällig sind vor allem die Unterschiede in der Beschuppung der Fische. Aus der Kreuzung von japanischen Farbkarpfen mit der deutschen Spiegelkarpfenrasse haben sich zum Beispiel weitere Varianten mit entsprechender Beschuppung entwickelt. Wird einem Namen der verschiedenen Farbvarianten jeweils der Name „Doitsu" (ausgesprochen „doitz") vorangestellt, deutet dies auf die deutsche Abstammung eines eingekreuzten Spiegel- oder Lederkarpfens hin. Die Bezeichnung „Doitsu" ist dabei nichts anderes, als das japanische Wort für deutsch. Warum gerade deutsche Karpfenrassen so großen Einfluß auf die japanische Farbkarpfenformen nahmen, liegt sehr nahe. Einerseits ließen sich damit erstaunlich schöne Resultate erzielen, andererseits beruht dies auch auf den außerordentlich guten politischen und wirtschaftlichen Beziehungen zwischen Deutschland und Japan.

Utsurimono: *Hierzu zählen Farbformen mit schwarzer Grundfarbe sowie mit weißen (Shiro), roten (Hi) oder gelben (Ki) Flecken. Abgebildet ist ein Shiro Utsuri. Foto: Aqualife*

Die nachfolgende Auflistung zeigt den Aufbau der Farbvarianten in ihren Grundzügen der Standards. Das angefügte kleine japanische „Wörterbuch" hilft mit, die einzelnen Bezeichnungen zu übersetzen.

Shusui: Shusui nennt man die Spiegel- oder Lederkarpfenform vom normalbeschuppten Asagi. Die Rückenpartie ist hell- bis dunkelblau gefärbt. Seitlich und unten ist er hell- bis tiefrot gefärbt. Foto: Aqualife

Farbkarpfen ohne metallischen Glanz

Kohaku
Weißer Farbkarpfen mit roter Zeichnung

Taisho Sanka
Weißer Farbkarpfen mit rot-schwarzer Zeichnung

Showa Sanshoku
Schwarzer Farbkarpfen mit rot-weißer Zeichnung

Utsurimono:
- Shiro Utsuri
Schwarzer Farbkarpfen mit weißer Zeichnung

- Hi Utsuri
Schwarzer Farbkarpfen mit roter Zeichnung

- Ki Utsuri
Schwarzer Farbkarpfen mit gelber Zeichnung

Bekko:
- Shiro Bekko
Weißer Farbkarpfen mit schwarzer Zeichnung

- Aka Bekko
Roter Farbkarpfen mit schwarzer Zeichnung

- Ki Bekko
Gelber Farbkarpfen mit schwarzer Zeichnung

Asagi
fahlblauer Farbkarpfen mit rotem Bauch und roten Flossen

Shusui
Asagi mit einer Doitsu Beschuppung

Koromo:
- Aigoromo
Weißer Farbkarpfen mit roter Zeichnung, die von einem blauen Muster überlagert wird

- Sumigoromo
Weißer Farbkarpfen mit roter Zeichnung, die von einem schwarzen Muster überlagert wird

Kawarimono:
- Karasugoi
Schwarzer Farbkarpfen

- Kigoi
Gelber Farbkarpfen

- Chagoi
Brauner Farbkarpfen

- Midorigoi
Grüner Farbkarpfen

- Matsubagoi
Farbkarpfen mit tannenzapfenartigem Muster auf der Beschuppung

- Goshiki
Farbkarpfen mit fünf Farben

Farbkarpfen mit metallischem Glanz

Hikarimujimono (Hikari = glänzend):
Platinum Ogon (Purchina)
Glänzend weißer Farbkarpfen

Yamabuki Ogon
Glänzend gelber Farbkarpfen

Kin Matsuba
Goldfarbig glänzender Farbkarpfen mit tannenzapfenartigem Muster auf der Beschuppung

Gin Matsuba
Silberglänzender Koi mit Tannenzapfen Beschuppung

Hikarimoyomono:
- **Hariwake**
Glänzend weißer Farbkarpfen mit glänzend, gelboranger Zeichnung

- **Kikusui**
Glänzend weißer Farbkarpfen mit glänzend, rotoranger Zeichnung

- **Yamatonishiki**
Sanke mit glänzend rotoranger Zeichnung (alle drei Farben glänzen)

Hikari Utsurimono:
- **Kin Showa**
Goldorange, metallisch glänzende Form des Showa

- **Gin Showa**
Silberglänzender Showa

- **Kin Ki Utsuri**
Schwarzer Farbkarpfen mit goldgelber, glänzender Zeichnung

Als Kinginrin werden alle Farbkarpfen mit Glitzerschuppen bezeichnet.
Ein Tancho ist ein Kohaku oder Sanke oder Showa mit einem roten Fleck auf dem Kopf, der aber keine weiteren Rotanteile am Körper besitzt.

Kleines japanisches „Wörterbuch“

Farben:

hi	→	rot (nur bei Flecken)
aka	→	rot (der ganze Fisch)
sumi	→	schwarz (nur bei Flecken)
karasu	→	schwarz (der ganze Fisch)
nezu	→	grau
shiro	→	weiß
midori	→	grün
ki	→	gelb
cha	→	braun
orenji	→	orange
beni	→	dunkelrot
ai	→	tiefblau (indigo)
muji	→	einfarbig (wörtlich: nichts anderes)
kin	→	goldglänzend (metallic)
gin	→	silberglänzend (metallic)

Musterungen:

matsuba	→	tannenzapfenartiges Muster
bekko	→	Schildpatt
Rin	→	Schuppe
Ginrin	→	silbrige oder spiegelartige Schuppen
inazuma	→	Blitz
hikari	→	glänzend
utsuri	→	reflektierend
doitsu	→	deutsch, deutet auf die deutsche Abstammung von Spiegel- oder Zeilenkarpfen hin (ausgesprochen doitz)
kuchibeni	→	Lippenstift
budo	→	Weintraube
moyo	→	Zeichnung, Muster
mono	→	Art
Tancho	→	Rotkopf-Kranich
shoku	→	Farbe

Zahlen:

ichi	→	eins
ni	→	zwei
san	→	drei
yon	→	vier
go	→	fünf
nidan	→	2-stufig (Nidan Kohaku)
sandan	→	3-stufig (Sandan Kohaku)
yondan	→	4-stufig (Yondan Kohaku)
goshiki	→	5 Farben (Goshiki, gesprochen Goschiki)
sanke	→	dreifarbig
sanshoku	→	dreifarbig
Taisho	→	Ära von 1912 bis 1926
Showa	→	Ära von 1926 bis 1988
Heisei	→	Ära von 1988 bis heute

Kauf und Beurteilung der Farbkarpfen

Farbkarpfen richtig zu beurteilen, vermag wahrscheinlich nur ein erfahrener Züchter. Durch eine gezielte Auslese steigen die Chancen, daß sich ein Fisch von Jahr zu Jahr verbessert und seinen „Höhepunkt" als „Jumbo-Koi" erreicht. Als Tategoi bezeichnet der Züchter einen Farbkarpfen, von dem er glaubt, daß dieser ein sehr wertvoller Fisch werden wird. Wobei bei manchen Zuchtlinien die Schönheit der Fische erst nach etwa drei Jahren ersichtlich wird. So zum Beispiel bei der „Dainichi-Linie", die heute als eine der Besten eingestuft wird. Bei diesen blaß-orangen Fischen, mit einer markanten Farbabgrenzung, entsteht das tiefe Rot erst nach dem dritten Lebensjahr.

Nebenbei bemerkt: In Japan erzielen weibliche Farbkarpfen – wegen ihres beachlicheren Körpervolumens als eines Männchens der gleichen Qualität – weit höhere Verkaufspreise.

Die Beurteilung der Farbkarpfen richtet sich nach festgelegten Kriterien. Was jedoch einen schönen Farbkarpfen ausmacht, richtet sich nicht selten auch nach dem persönlichen Empfinden jedes Einzelnen. Zugleich nimmt der Einfluß des jeweiligen Kulturkreises einen nicht unerheblichen Einfluß auf die Beurteilung. Meist führen auch die sich langsam eingebürgerten Vorlieben der Farbkarpfen-Szenen in Europa, beziehungsweise einzelner Regionen oder Landesteile, zu ungeschriebenen Bewertungs- und Betrachtungsweisen über den Schönheitsgrad der Fische. Natürlich können sich bestimmte Vorlieben im Laufe der Jahrzehnte auch verändern und weiterentwickeln. Als Neueinsteiger wird man sich zwangsläufig erst langsam in diese Materie einarbeiten. Bestes „Werkzeug" hierfür sind persönliche Gespräche mit Experten oder das Studium entsprechender Fachzeitschriften, die den jeweiligen aktuellen Wissensstand am ehesten widerzuspiegeln vermögen.

Auf Anhieb wird natürlich das Aussehen eines Farbkarpfens, das heißt die Körperform, Größe und Farbgebung eine Beurteilung beeinflussen. Aber auch das Verhalten eines Fischs ist ein wichtiges Kriterium zur Beurteilung eines zukünftigen Champions, der an Ausstellungen gegenüber der großen Konkurrenz bestehen können soll.
Schwierigkeiten bei der Beurteilung der Farbkarpfen gibt es genug. Dies beginnt schon damit, sich die vielen Namen zu merken. Ebenso ist die Farbqualität einer Farbe nicht leicht zu bewerten. Hinzu kommt, daß gewisse Fische ihre Farbe drastisch verändern können und dies nicht immer zum Guten. All dies macht es dem unerfahrenen Käufer schier unmöglich,

Die Beurteilung von Farbkarpfen ist sehr schwierig. Dies trifft vor allem bei der Fülle von schönen Fischen in den Zuchtbetrieben zu. Foto: bede-Verlag

unter einer Fülle unterschiedlich gefärbter Fische die schönsten auszusuchen.
Nicht immer sind die teuersten Fische auch gleich die Besten. Wie eingangs schon einmal erwähnt, kann ein ausgewiesener Fachmann im Fachgeschäft Unterstützung bieten. Trotzdem muß sich der Käufer selbst ins Bild setzen und auch, wenn noch wenig Erfahrung besteht, sich die Zeit nehmen, die angebotenen Fische eingehend zu beobachten. Der Koifreund darf sich nicht scheuen, einige Stunden Zeit ein-

zuplanen, um vor dem Kauf Vergleiche anzustellen, Farben zu vergleichen und das Verhalten der Farbkarpfen zu studieren. Bestehen Zweifel, dann lohnt es sich, sich die ausgewählten Fische reservieren zu lassen und vielleicht zu einem späteren Zeitpunkt nochmals zu überprüfen, ob die Wahl auch richtig war. Geht der Händler auf dieses Vorgehen nicht ein, so ist dies auch nicht weiter schlimm, womöglich bieten auch andere Fachgeschäfte in der Umgebung gute Farbkarpfen an. Zugleich wird mit einem ausdauernden Beobachten auch der Unerfahrene sein Auge schulen und dabei Fortschritte in der Beurteilung erzielen. So kann die Chance genutzt werden zwischen verschiedenen Angeboten wohlüberlegte Vergleiche anzustellen. Es wird sich bestimmt „auszahlen", den Erwerb von Farbkarpfen mit einer gehörigen Portion Geduld anzugehen.

Achtung: **Es ist auch stets auf den Gesundheitszustand der Fische zu achten. Fische die einen kränklichen Eindruck hinterlassen, dürfen nicht erworben werden.**

Zur Einarbeitung – im Selbststudium – in die Thematik der Beurteilung von Farbkarpfen, helfen auch die Aufnahmen von Farbkarpfen, die im vorliegenden Buch abgebildet sind (zu diesem Zweck sei auch das Poster „Nishikigoi" mit zahlreichen Koiaufnahmen empfohlen). Überhaupt läßt sich das Auge durch das Vergleichen von Aufnahmen mit lebenden Fischen sehr gut schulen und kann so mithelfen, Fehlkäufe zu vermeiden.

Beurteilung nach dem Äußeren

Größe, ausgewogene Proportionen des Körpers und natürlich die Farbqualitäten beeinflussen den Wert eines Farbkarpfens. Darüberhinaus müssen Farben und Muster ein harmonisches Bild erzeugen. Je optimaler die Farbkombinationen und Anordnungen der Fleckenzeichnungen, um so wertvoller der Fisch. Selbstverständlich spielt in diesem Punkt auch das persönliche Harmonieempfinden eine nicht zu unterschätzende Rolle. Selbst wenn die Körperfärbung eines Fischs für Wettbewerbszwecke ungenügend ist, kann sein Aussehen für den Besitzer einen beachtlichen Wert darstellen. Zu Farbkarpfen lassen sich regelrechte Mensch-Tier-Beziehungen aufbauen und gerade deshalb ist es wichtig, sich auf das persönliche Harmonieempfinden zu verlassen.
Die Farbqualitäten eines Fischs können zunächst einmal anhand der Farbintensität beurteilt werden. Ein sauberes Weiß, ein kräftiges Rot oder ein tiefes Schwarz sind Merkmale hierzu.

Tip: **Die Farbflecken sollen sich gut voneinander abgrenzen und die Konturen eine saubere, scharfe Kante bilden. Je kontrastreicher die Körperfärbung, als um so hübscher ist ein Farbkarpfen anzusehen.**

Wie wohl nur wenige Fischarten können Farbkarpfen ihre Farbgebung völlig verlieren oder so stark verändern, daß sie nicht wiederzuerkennen sind. Nicht selten führen Farbveränderungen auch zum unwiederruflichen Verlust der Farben. Viel seltener entwickeln sich Farbveränderungen ins Positive.
Unter gewissen Umständen können auch Pflegebedingungen, der Einfluß von Jahreszeiten oder die Futterqualität zu Farbveränderungen führen. Solche Einflüsse und ihre Auswirkungen lassen sich jedoch vielfach korrigieren, so daß die Fische ihre ursprüngliche Farbenpracht zurück erhalten. Mitunter können einzelne Farbanteile auch verschwinden und dafür treten andere Farbgebungen an ihre Stelle. Manchmal schadet dies dem Aussehen der Fische nicht, da sie trotzdem noch über eine ansprechende und kräftige Farbe verfügen.
Welche Ursachen zu einer Farbveränderung führen können, das ist nicht immer ohne weiteres zu erkennen. Gute Pflegebedingungen, sauberes Wasser und natürlich eine streßlose Haltung sowie eine ausgewogene und artgerechte Fütterung sind die besten Vorkehrungen, um Fehlschläge zu vermeiden. Gerade junge, bunte, nur wenige Zentimeter große Jungfi-

Neben den Farben ist auch das Verhalten der Farbkarpfen ein Qualitätsmerkmal. Die Fische müssen ein ruhiges und ausgeglichenes Verhalten aufweisen, um mit Spitzentieren konkurrieren zu können.
Foto: Hans Gonella

sche verlieren jedoch sehr oft ihre Farben und nehmen die Körperfärbung ihrer wilden Vorfahren an. In den Zuchtbetrieben werden solche Fische aussortiert, da sie für den Verkauf wertlos geworden sind. Auch bei bester Pflege werden diese Fische keine Farben mehr ausbilden, weil ihnen die dafür notwendigen Farbpigmente fehlen.

Beurteilung nach dem Verhalten

Das Verhalten der Farbkarpfen wird meist zu wenig beachtet. Oft wird anläßlich der japanischen Wettbewerbe das Verhalten der Farbkarpfen weit mehr gewichtet, als dies in Europa üblich ist. Das Äußere der Fische wird in Japan nur zu etwa 40 % bewertet. Die restlichen 60 % entfallen auf die Bewertung des Verhaltens. Wildkarpfen zeigen ein relativ scheues Verhalten. In dieser Hinsicht hat das Verhalten von Wildkarpfen und Zuchtrassen gegensätzlichen Charakter. Dies geht soweit, daß selbst das Gruppenverhalten bei den Farbkarpfen einen weit größeren Stellenwert einnimmt, als dies bei Wildkarpfen zu beobachten ist. Trotzdem wäre es falsch anzunehmen, den Farbkarpfen könnte ein typisches, „rasseeigenes" Verhalten zugeschrieben werden. Wohl können einige Zuchtrassen ein zutraulicheres Verhalten aufweisen als andere, und dennoch können selbst innerhalb einer verwandtschaftlich sehr nahe stehenden Gruppe oder sogar unter Geschwistern erhebliche „charakterliche" Unterschiede auftreten. Die einen Fische zeigen ein ruhiges, wieder andere ein überaus nervöses Verhalten. Selbstverständlich bedarf es bei Fischen, die an Wettbewerben teilnehmen, um ein vielfach ruhigeres Verhalten, als bei Fischen, welche ausschließlich in Gartenteichen gepflegt werden.

Das Verhalten bei Fischen und insbesondere

bei Farbkarpfen ist nicht immer ohne weiteres einer bestimmten Situation oder Stimmung zuzuordnen. Auch bei der Beurteilung des Verhaltens bedarf es einiges an Erfahrung. Hervorgerufen durch ihre große Neugierde, und manchmal auch durch ihre auffällige Freßgier, wird das daraus ersichtliche Verhalten nicht selten falsch interpretiert. Ein Karpfen, der gierig aus der Hand seines Pflegers frißt, kann also nicht ohne weiteres als zutraulich eingestuft werden.

Hinweis: **Es gilt zu bedenken, daß es sich bei Farbkarpfen um domestizierte Fische handelt, die bereits eine große Anpassung an den Hausstand aufweisen.**

Ihre äußere imposante Erscheinung verrät dabei kaum ihre sensible Natur. Und dennoch handelt es sich um sehr vorsichtige Naturen. Begegnet der Koifreund den Farbkarpfen mit der nötigen Ruhe und Geduld, dann bestehen die größten Chancen, mit ihnen eine auf Vertrauen basierende Beziehung aufzubauen. Ungeduld und Hektik des Pflegers übertragen sich dagegen auf die Fische.

Farbkarpfen haben – wenn auch zugegebenermaßen in geringerem Umfang – ähnliche Empfindungen wie wir Menschen. Gefühle wie Freude und Angst, Trauer und Wut dürften auch ihnen nicht völlig fremd sein. Selbst Denkprozesse, ein bescheidenes Erinnerungsvermögen und Lernverhalten dürfen wir erwarten. All dies macht sie zu faszinierenden Tieren, die aber gerade durch ein fehlendes oder zerstörtes Vertrauen in die Umgebung ein entsprechendes Fluchtverhalten entwickeln.

Wie bei allen Lebewesen prägt das Erlebte in Jugendjahren das weitere Leben. Bei Fischen weiß man, daß in der kurzen Jungendphase bis kurz vor der Fortpflanzungsfähigkeit die Prägung auf äußere Einflüsse und das Lernpotential am größten ist. Junge Farbkarpfen bis zu zwei Jahren lassen sich bestimmt leichter an den „direkten“ Kontakt zum Menschen gewöhnen, als ältere Fische. Überdies zeigte es sich auch, daß während der kalten Jahreszeit in Aquarien gepflegte Fische viel eher Zutrauen zu ihrem Pfleger faßten. Das kann soweit gehen, daß sie vom Pfleger ohne weiteres von Hand angehoben werden können. Dies ist auch verständlich, denn der durch die Aquariumscheiben möglich gewordene Sichtkontakt zwischen Mensch und Fisch können mithelfen, Ängste beim Tier abzubauen und somit auf das Fluchtverhalten positive Auswirkungen zeigen. Dagegen ist ein über dem Wasserspiegel eines Teichs auftauchender Schatten stets mit Gefahr verbunden, und selbst wenn es sich dabei um den Pfleger handelt.

Um mit Farbkarpfen näher in Kontakt zu kommen, muß sich ihr Pfleger auch intensiv und regelmäßig mit ihnen auseinandersetzen. Futtergaben aus der Hand und vorsichtiges Streicheln mit der flachen Hand sind bestimmt die ersten Schritte dazu. Allerdings benötigt es viel Geduld und Einfühlungsvermögen, um nicht das Gegenteil zu erreichen.

Achtung: **Nie darf der Willen der Fische durch Gewalt oder gar durch ein In-Die-Enge-Treiben gebrochen werden.**

Erst Geduld und nochmals Geduld ermöglicht es, die anfänglich scheuen Fische an den Menschen zu gewöhnen. Immer wieder kann es vorkommen, daß sämtliche Bemühungen des Pflegers den gewünschten Erfolg vermissen lassen und die Fische ein übersteigertes Fluchtverhalten an den Tag legen. Solche Fische sind dann leider für die Teilnahme an Wettbewerben nicht geeignet. Einerseits verringert sich durch ein nervöses Verhalten die zu erreichende Punktzahl, andererseits würde die Teilnahme an Wettbewerben ohnehin für die Fische ein zu großer Streß bedeuten, der sich auch auf ihren Gesundheitszustand auswirken könnte. Schließlich wäre dies sogar als Tierquälerei anzusehen. Wird jedoch schon beim Kauf der Farbkarpfen auf ihr Verhalten geachtet, so bestehen gute Chancen, Fische mit angeborenem ruhigem Verhalten zu erwerben.

Für die meisten Pfleger von Farbkarpfen spielt es ohnehin keine Rolle, ob sie nun ausgesprochen ruhige oder nervöse und ängstliche Fische erwerben. So ließe es sich wenigstens vermuten, da sie ja lediglich im Gartenteich einen hübschen Anblick bieten sollen. Doch weit gefehlt – auch im Gartenteich zeigt ein ruhiger Charakter der Fische viele Vorteile. Solche Fische sind viel besser zu beobachten. Springen viel weniger oder gar nicht aus dem Teich. Scheue und nervöse Fische sind dagegen so gut wie nie zu Gesicht zu bekommen, weil sie sich die meiste Zeit in tieferen Wasserschichten aufhalten. Wohl wird kaum jemand nur ruhige Fische erwerben können. Jedoch kann eine harmonische Gruppe auch beruhigend auf einzelne ängstliche Fische einwirken.

Zusammengefaßt ist zu sagen: Farbkarpfen müssen über ein ruhiges und zutrauliches Verhalten verfügen und beim Schwimmen ein schönes und ausgeglichenes Flossenspiel demonstrieren.

Zudem ist das Verhalten in der Gruppe ein weiterer Beurteilungspunkt. Die Verträglichkeit gegenüber gleichgroßen und vor allem gegenüber viel kleineren Artgenossen ist wichtig. Auf alle diese verhaltensbedingten Merkmale legen japanische Züchter großen Wert. Scheue oder wild umherschießende Fische gelten bei ihnen als „minderwertig", welche die strengen Kriterien, die zu den Wettbewerben verlangt werden, nicht erfüllen. Zum Glück für die Fische müssen aber auch nicht alle Tiere an Wettbewerben teilnehmen, so daß auch die Scheuen unter ihnen im Gartenteich, bei entsprechenden Voraussetzungen, viel Freude bereiten können.

Die Farbintensität und die Schärfe der Konturen der Farbe in der Körperzeichnung sind Kriterien für die Beurteilung der Qualität von Farbkarpfen. Foto: bede-Verlag

Die Problematik sogenannter Qualzuchten

Im Zusammenhang mit der Beurteilung von Farbkarpfen muß auch die vieldiskutierte Problematik von sogenannten „Qualzuchten" angesprochen werden. Besonders bei einigen Goldfischzuchtformen mehren sich zunehmend – vielleicht sogar zu recht – kritische Stimmen, die gewisse Zuchtbemühungen von Züchtern infrage stellen. Abhängig vom jeweiligen Kulturkreis, bestehen jedoch sehr unterschiedliche Ansichten zu diesem Thema. In Asien hoch geschätzt, werden in Europa gewisse Zuchtformen eher mit gemischten Gefühlen betrachtet. Hier ist zum Beispiel von den sogenannten Blasenaugen die Rede. Diese Goldfische sind kaum mehr in der Lage richtig zu schwimmen, geschweige sich selbständig fortzupflanzen oder ihr Futter zu suchen. In der Farbkarpfenzucht sind die Züchter von solchen oder ähnlichen Zuchtformen noch weit entfernt – zum Glück. Dennoch finden sich auch bei der Zucht von Farbkarpfen Züchter, die bestimmten körperlichen Merkmalen mit unnatürlichem Aussehen bei der Zuchtauswahl den Vorzug geben. Sogenannte „Babyface"-Fische mit ausgeprägten Backenpartien und gedrungener Nasenpartie können vielleicht des Züchters Geschmack erfreuen, weniger erfreu-

lich ist jedoch, daß bei ihnen auch Deformierungen an den Augen festzustellen sind.
Farbkarpfen werden nicht im beheizten Aquarium gepflegt. Sie benötigen ein Höchstmaß an körperlicher Vitalität, um im Gartenteich den Witterungseinflüssen standhalten zu können. Ebenso benötigen sie einen gesunden und robusten Körperbau, zur ungestörten Nahrungsaufnahme oder möglichen Fortpflanzung. Fische, deren Augen Deformationen aufweisen, sind gegenüber ihren Artgenossen mit gesundem und normalem Körperbau bestimmt benachteiligt. Ähnlich verhält es sich bei Farbkarpfen mit unnatürlich vergrößerter, schleierartiger Beflossung. Diese sind bei den kraftvollen Schwimmbewegungen, die bei Farbkarpfen üblich sind, überaus hinderlich.
Gewisse Veränderungen von Körpermerkmalen sind bei Zuchtrassen oft anzutreffen. Hierzu gehören gerade die Schleierflossen, die bei den Zuchtstämmen verschiedenster Aquarienfische auftreten. Zwar stellen die Schleierflossen bei den meisten Aquarienfischen kein besonderes Problem dar, in gewisser Weise sind sie auch eine vertretbare Anpassung an die Aquarienverhältnisse, da Futtersuche und Fluchtverhalten, um Freßfeinden zu entkommen, gänzlich wegfallen.

Hinweis: Die Aquariumpflege von tropischen Zuchtfischen kann überhaupt nicht mit der Pflege von Farbkarpfen im Gartenteich verglichen werden. Zu unterschiedlich sind die Pflegevoraussetzungen.

Auch wenn dies für einige Leserinnen und Leser möglicherweise unverständlich klingt, Abnormitäten bei Körpermerkmalen müssen strikt abgelehnt werden. Dies kann jeder Pfleger bekunden, indem er auf den Kauf solcher Fische verzichtet. Vielleicht hört sich dies alles etwas übertrieben an, dennoch ist der Schritt von wahrscheinlich noch vertretbaren, ungewöhnlichen Zuchtformen bis zu Qualzuchten viel kleiner als gemeinhin angenommen werden könnte. Und Qualzuchten verletzen mit Sicherheit tierschützerische Aspekte und haben im Farbkarpfenteich nichts zu suchen.
An mehreren Stellen im vorangegangenen Text wurde bereits auf die Auswahlkriterien beim Kauf von Farbkarpfen hingewiesen. Unlautere Verkaufsmethoden einiger Händler machen es nötig – wenn auch in einem solchen Fachbuch nicht üblich – auf einige Punkte zum Kauf der Fische hinzuweisen. Allerdings sollte man es vermeiden, mögliche Fehlschläge, Fische die krank werden, ihre Farbe verändern oder sonstige Mängel aufweisen, stets dem Händler zuzuschreiben. Natürlich muß auch das eigene Handeln überprüft werden, bevor man zu vorschnell urteilt.

Auswahl der richtigen Fische

Im vorangegangenen Kapitel „Beurteilung der Farbkarpfen" wurden bereits die wesentlichsten Punkte genannt, die zur Auswahl der Fische zu beachten sind. Darüberhinaus gibt es noch einige weitere Kriterien, die beim Kauf von Farbkarpfen hinzugezogen werden können.
Gleich die ersten wärmenden Sonnenstrahlen zum Jahresbeginn verleiten so manchen Pfleger dazu, neue Fische für den Gartenteich zu erwerben. Doch sollte man noch etwas warten, bis keine größeren Kälteeinbrüche mehr zu erwarten sind. Etwa im Mai wird es warm genug, so daß sich auch das Teichwasser langsam aufzuwärmen beginnt. Die Nachttemperaturen im Freien sollten 10 °C nicht mehr unterschreiten. Darüberhinaus sprechen noch andere Gründe gegen ein zu frühes Einsetzen neuerworbener Farbkarpfen in den Gartenteich. Zum Ersten können im Freien überwinterte Fische noch geschwächt sein oder auf den ersten Blick nicht erkennbare Krankheiten aufweisen und durch den Streß des Transports und des Milieuwechsels im neuen Lebensraum Schaden nehmen. Sofern die Möglichkeit besteht, lohnt es sich immer, die Fische zuerst einmal in Quarantäne zu pflegen, um zu beobachten, wie sie sich entwickeln, auch wenn kein unmittelbarer Grund dies nötig macht. Zum Zweiten sind die Temperaturunterschiede im zeitigen Frühjahr oft zu

groß, so daß sich die Fische aus dem Händleraquarium nur mit Schwierigkeiten im Gartenteich akklimatisieren können. Dasselbe gilt auch für Fische, die im Spätherbst in den Gartenteich ausgesetzt werden sollen. Auch sie können im Winter Schaden nehmen, wenn ihnen nicht genügend Zeit bleibt, sich an die neuen Bedingungen anzupassen.
Natürlich ist darauf zu achten, daß die Fische ein normales Verhalten aufweisen. Fische die sich an den Wänden des Hälterungsbekkens scheuern oder eigenartige Schwimmbewegungen demonstrieren, sind mit großer Wahrscheinlichkeit von Parasiten befallen oder sonstwie erkrankt. Ebenfalls sind Fische, die ein übermäßig ruhiges, ja apathisches Verhalten an den Tag legen, nicht zu erwerben. Ein weiterer Hinweis, ob die Fische gesund sind, ist die Atemfrequenz, die an den Kiemendeckeln gut zu erkennen ist. Ein zu schnelles oder zu langsames, nur schwaches Atmen, deutet auf gesundheitliche Probleme hin. Das gilt auch für Fische, die ununterbrochen an der Wasseroberfläche nach Luft schnappen.
Es versteht sich wohl von selbst, daß auch Fische, die unnatürliche Farbveränderungen, Hautschäden, wie Rötungen oder gar Verletzungen an der Haut, Flossen oder den Augen aufweisen, später im Gartenteich große Probleme machen können. Werden in den Hälterungsbecken des Händlers bereits Medikamente eingesetzt, um Krankheiten oder Schädigungen beizukommen, so ist höchste Vorsicht geboten. Am besten wartet man noch einen Monat oder mehr, bis man sich für den Kauf solcher Fische entscheidet.

Tip: Um den zu erwerbenden Farbkarpfen eingehend beurteilen zu können, sollte sich der Käufer nicht scheuen, sich das Tier in einem separaten Behälter vorführen zu lassen. Dabei kann man sich gleichzeitig über die Herkunft des Fischs und die Wasserwerte, in denen der Fisch bis dahin großgezogen und gepflegt wurde, erkundigen.

*„Ausfischen" eines japanischen Naturteichs eines Zuchtbetriebs. Zum Transport werden die Fische in geräumige Wassertanks umgesiedelt.
Foto: Peter Boehrer*

Selbstverständlich ist es jedem angehenden Pfleger von Farbkarpfen oder dem bereits erfahrenen Liebhaber selbst überlassen, welche Fische er kaufen möchte. Eines muß aber doch noch erwähnt werden. Nicht selten werden Jungfische von nur wenigen Zentimetern Körpergröße für bereits stattliche Preise angeboten. Solche Tiere kosten – inklusive Transport – nur wenige Mark. Erst viel später wird es sich herausstellen, ob sie ihren Preis wert waren und die Farben behalten werden. In gewisser Weise sind solche Farbkarpfen Fische ohne Zukunft. Hin und wieder stammen sie sogar aus Beständen, die aussortiert wurden und eigentlich nicht in den Verkauf gelangen sollten. Natürlich hat ein Farbkarpfen in mittlerer Größe auch einen viel höheren Preis. So besteht eine viel größere Sicherheit, daß die zukünftige

Farbgebung des Fischs keine unangenehmen Überraschungen bereit hält.

Transport der Farbkarpfen

Der Transport von Farbkarpfen führt oft zu Streß bei den Fischen. Den Streß möglichst gering zu halten, hilft möglichen Schäden vorzubeugen. Bei richtiger Transportweise und einem möglichst kurzen Transportweg sind keine Nachteile für die Fische zu erwarten. Üblicherweise werden Fische in Plastiktransportbeuteln, die etwa zu einem Drittel mit Wasser gefüllt sind, transportiert. Hierbei ist es wichtig, daß der Transport nicht länger als ein bis zwei Stunden dauert und der Beutel abgedunkelt wird. Dafür wird er längsseitig in eine Transportkiste gepackt oder in Zeitungspapier eingewickelt. Durch die Dunkelheit geraten die Fische viel weniger in Panik und der Streß wird auf ein Minimum reduziert. Für den Transport ist es nötig, den Luftraum des Transportbeutels mit reinem Sauerstoff aus der Druckflasche zu füllen. Durch den physikalischen Gasaustausch zwischen Wasser und Luftraum werden so die Fische ausreichend mit Sauerstoff versorgt. Noch besser ist es aber, die Fische in wassergefüllten Transportbehältern aus Kunststoff zu transportieren. Sie können in passender Größe, im Verhältnis zur Körperlänge der Fische ausgewählt werden. Einige Löcher im Deckel und eine Sauerstoffversorgung mit einer Luftpumpe sorgen ausreichend für „Atemwasser".

Je länger der Transport, um so sorgfältiger hat dieser zu erfolgen. Das heißt, je mehr Wasser einem Fisch zur Verfügung steht, desto besser. Nötigenfalls darf sogar nur ein einzelner Fisch in einem ausreichend großen Behälter transportiert werden. Für Transporte von einem Tag und länger lohnt es sich sogar, die Fische ausnüchtern zu lassen, was gut und gerne eine Woche dauern kann, je nach Wassertemperatur und vorangegangenen, verabreichten Futtermengen. Während des Transports, sei dies nun für kurze oder längere Zeit, ist darauf zu achten, daß keine krassen Temperaturschwankungen eintreten. Gegebenenfalls ist das Transportbehältnis vor Hitze oder Kälte zu schützen, indem es isolierend verpackt wird.

Hin und wieder ist auch zu beobachten, daß Pfleger dem Wasser gewisse Zusätze für den Transport beigeben. Geeignet ist zum Beispiel die Zugabe von Kochsalz – für Jungfische etwa

Ginrin Platinum Ogon: *Dies sind Farbkarpfen mit metallischem Glanz sowie silbrig weißer Grundfarbe und sogenannten Glitzerschuppen.*
Foto: Aqualife

in einer Konzentration von 0,2 % und bei älteren Tieren bis 0,5 %. Dies scheint die Fische zu beruhigen, vor allem aber schützt es vor den immer vorhandenen Krankheitserregern und wirkt stimulierend auf die Fischhaut. Bei der

Zugabe von Betäubungsmitteln ist Vorsicht geboten. Manchmal wird für längere Transporte das Betäubungsmittel Tricain/MS-222 eingesetzt, welches vorsichtig dosiert, die Fische in einen leichten Ruhezustand versetzt. Jedoch besteht die Gefahr, daß dadurch Nieren und Leberschäden auftreten können. Wer nicht über genügend Erfahrung verfügt, muß vom Einsatz von Betäubungsmitteln absehen.

Achtung: **Die Verabreichung von Antibiotika für Transportzwecke ist strikt abzulehnen.**

Nicht zuletzt auch, um einer möglichen Resistenzbildung der Krankheitserregern entgegenzuwirken. Normalerweise werden die Fische von ihrem Pfleger auf dem schnellsten Weg zum Bestimmungsort gebracht, so daß sich besondere Transportbedingungen nicht unbedingt aufdrängen. Auch sind längere Transporte von mehreren Stunden die Ausnahme. Gewiß ist davon auszugehen, daß auch die Händler die gekauften Fische optimal für den Transport vorbereiten. Es lohnt sich daher bei ausbleibender Nachfrage des Händlers diesen über die voraussichtliche Transportdauer zu informieren und Erkundigungen über die Wasserqualität in den Hälterungsbecken einzuziehen, was für das spätere Einsetzen der Fische am Bestimmungsort von großem Nutzen sein wird.

Das Einsetzen der Farbkarpfen

Das Einbringen der Farbkarpfen in ihren neuen Lebensraum hat sehr behutsam zu erfolgen. Jetzt macht es sich auch bezahlt, wenn Kenntnisse über die Wasserqualität von der vorangegangenen Hälterung bestehen. Überdies nützt auch das Wissen über den pH-Wert und Härtegrade hinaus, wie sich der Sauerstoffgehalt, der Ammonium-, Nitrit- und Nitratgehalt beider Wasserkörper, das heißt aus der vorangegangenen Hälterung und des Teichwassers, zueinander verhalten.

Farbkarpfen unterschiedlicher Qualität im Sortier-Behälter. Foto: bede-Verlag

Wichtig ist, daß sich die Wasserqualität im Teich für die Fische im optimalen Bereich befindet.

Als Faustregel hierfür gilt, daß sich Ammonium-, Nitrit- und Nitratgehalt nicht erheblich über den Werten des Trinkwassers befinden. Falls sich die Wasserqualitäten gravierend unterscheiden, hat sich das Einbringen der Fische danach zu richten. Dies bedeutet, daß die Fische sehr langsam an die neuen Wasserverhältnisse gewöhnt werden müssen. Gleich als erstes wird der noch verschlossene Transportbehälter oder Beutel während etwa 15 bis 30 Minuten in den Gartenteich gelegt. Während dieser Zeit kann sich die Temperatur beider Wasserkörper ausgleichen. Danach ist der Transportbehälter oder der Beutel zu öffnen, ohne aber den Inhalt gleich in den Teich zu schütten. Zuerst werden mit einem Gefäß kleinere Mengen des Teichwassers in den Transportbehälter gegeben.

Tip: Je mehr sich die Wasserqualität des Teichs zu jener im Transportgefäß unterscheidet, um so mehr Zeit ist für die Akklimatisation zu berechnen.

In einer Zeitspanne von weiteren 30 Minuten oder länger sind kontinuierliche Wassergaben in den Transportbehälter die beste Möglichkeit, die Fische behutsam an ihren neuen Lebensraum zu gewöhnen. Nun können die Farbkarpfen endlich von ihrem neuen Lebensraum Besitz ergreifen. Erfahrungsgemäß suchen die noch erschreckten Fische gleich nach dem Einbringen Schutz auf dem Bodengrund. Doch schon sehr bald erkunden sie neugierig ihren neuen Lebensraum. In der Regel ist den Fischen auch einige Zeit zuzugestehen, bis sie die Nahrung in größeren Mengen annehmen. Die Futtergaben müssen daher in den ersten Tagen spärlich ausfallen und dürfen erst allmählich erhöht werden.

Die verschiedenen Pflegemöglichkeiten für Farbkarpfen

Die Frühlingsstimmung in der Gartenanlage von Pius Notter zeigt, warum die vier Jahreszeiten von den Japanern so geschätzt werden. Jede Jahreszeit hält etwas besonderes bereit. Die Japaner lieben insbesondere den Frühling mit dem frischen Grün der Pflanzen. Aber auch die Herbstpracht, vor dem Verwelken, wird auf besondere Weise wahrgenommen. Foto: Pius Notter

Farbkarpfen lassen sich auf unterschiedlichste Art und Weise pflegen. Je nach Alter beziehungsweise Größe können verschiedene Möglichkeiten der Unterbringung dienen. Eine dauerhafte Pflege ist jedoch nur im eigens für Farbkarpfen angelegten Gartenteich möglich. Nachfolgend sind die üblicherweise anzutreffenden Pflegemöglichkeiten mehr oder weniger ausführlich angesprochen und ihre Vor- oder Nachteile erwähnt. Es lohnt sich aber schon vor dem Kauf von Farbkarpfen, sich einen entsprechenden Teich zu bauen und nicht erst im Nachhinein, durch Verluste unter den Fischen aufgeschreckt, den Farbkarpfen eine artgerechte Pflege zukommen zu lassen.

Die artgerechte Farbkarpfenpflege

Üblicherweise wird bei der Wildfischhaltung von einer artgerechten Pflege gesprochen. Aber selbst Zuchtrassen benötigen eine artgerechte Pflege. Unter artgerechter Pflege ist eine möglichst den natürlichen Bedingungen entsprechende Pflege im Aquarium oder Gartenteich zu verstehen. Hierbei ist vor allem auf die Wasserbeschaffenheit, die Temperatur und die Ausgestaltung des Lebensraums zu achten. Demzufolge müßten die Farbkarpfen in einer natürlich bepflanzten Teichanlage gepflegt werden. Dies ist aber nicht mit einem Biotop zu verwechseln, in dem einheimische Lurche einen Lebensraum finden. Ein flach auslaufender und bepflanzter Uferbereich dürfte in solch einem Teich ebenfalls nicht fehlen, dient dieser doch zur ungestörten Fortpflanzung der Fische. Wie eingangs in diesem Buch bereits erwähnt, hat eine Fischpflege, die den Voraussetzungen in natürlichen Gewässern möglichst nahe kommt, in Europa einen großen Stellenwert. In wie weit der Pfleger dieser „Ideologie“ nachkommen möchte, bleibt ihm selbst überlassen. Bestimmt wird dabei nichts falsch gemacht, vorausgesetzt die Teichanlage wird nicht mit Fischen überbesetzt.

Die Farbkarpfen sind sehr anpassungsfähig. Als domestizierte Fische benötigen sie auch nicht zwingend einen tiefen schlammigen Bodengrund oder eine dichte Teichbepflanzung für ihr Wohlbefinden. Das heißt, daß sich ihre Bedürfnisse an einen Lebensraum nicht nur alleine an den für den Menschen offensichtlichsten Kriterien orientieren. Viel bedeutsamer ist für die Farbkarpfen eine der Art entsprechende Wasserqualität zu berücksichtigen.

Achtung: Die Wassertemperatur darf keinen allzu starken, beziehungsweise schnellen Schwankungen unterworfen sein.

Und zuguterletzt muß die Teichanlage eine gewisse Tiefe aufweisen. Ideal sind Tiefen um 2 m. Zum Einen kühlt sich eine größere Wassermenge mit entsprechender Wassertiefe bei einem Kälteeinbruch viel langsamer ab. Zum

Eine artgerechte Pflege von Farbkarpfen ist nur in einem entsprechenden, für diese Fische angelegten Teich möglich. Foto: Pius Notter

Anderen stellen die tieferen und auch lichtärmeren Wasserschichten für die Farbkarpfen eine Rückzugsmöglichkeit dar, wohin sie sich bei einer vermeintlichen Gefahr zurückziehen können. Dadurch verstärkt sich das Vertrauen der Fische in ihren Lebensraum, was wiederum ein unnötiges Streßaufkommen verhindert.

Mit den drei eben erwähnten Punkten, nämlich Wasserqualität, Temperatur und einer Rückzugsmöglichkeit, sind die Voraussetzungen für eine artgerechte Pflege gegeben.

Fällt die Wahl auf einen mit Wasserpflanzen gestalteten Wasserteich, sind die Pflanzenzonen nicht zu Lasten des freien Schwimmraums der Fische anzulegen. Selbstverständlich verlangt solch ein Gartenteich nach einer größeren Ausdehnung. Als Bepflanzung können nicht alle Wasserpflanzenarten ohne Bedenken zum Einsatz gelangen. Viele, vor allem kleinere oder feingliedrige Wasserpflanzen werden von den Farbkarpfen mit Vorliebe gefressen.

Pflege im Aquarium

An und für sich wäre die Pflege der Farbkarpfen im Aquarium durchaus möglich. Sie wird jedoch nur selten praktiziert. Der Grund hierfür ist die zu erwartende Körperlänge der Farbkarpfen von 80 cm und mehr. Ein Aquarium müßte demzufolge ein Fassungsvermögen von mindestens 4000 l Wasser aufweisen, um vier bis fünf Farbkarpfen ausreichend Platz zu bieten. Sehr wertvolle Farbkarpfen werden im Winter nicht selten ins Haus geholt. Im Aquarium oder in eigens bereitgestellten Fischtanks können sie die risikoreiche Zeit bei konstanten „Zimmertemperaturen" ohne Gefahr überstehen. Für eine gute Filterung des Wassers ist jedoch zu sorgen. Hierfür eignen sich ähnlich dimensionierte Filtersysteme, wie sie auch in der Außenanlage benötigt werden. Ansonsten könnten die in großen Mengen anfallenden Ausscheidungen der Fische die Wasserqualität stark beeinträchtigen. Werden Farbkarpfen im Aquarium gepflegt, dann darf auch ein Bodengrund nicht fehlen. Die Schichtstärke darf 5 bis 10 cm betragen. Als Material für den Bodengrund kommt Kies in mittlerer Korngröße von 4 bis 6 mm infrage. Auf eine Einrichtung des Aquariums mit Wasserpflanzen kann verzichtet werden, da auch sie von den Farbkarpfen gerne gefressen werden. Trotzdem ist auf eine Aquariumbeleuchtung nicht zu verzichten. Allerdings wird keine spezielle Beleuchtungsart gefordert. Einige Leuchstoffröhren reichen völlig aus.

Als Aquariumeinrichtung kämen noch weitere Möglichkeiten in Betracht. Zum Beispiel größere Steinbrocken. Auf Aquariumwurzeln ist aber zu verzichten. Sie haben keinerlei günstige Auswirkungen auf die Fische. Die Einrichtungsgegenstände, auch Objekte, die aus künstlichen Materialien bestehen, dürfen keine scharfen Kanten aufweisen. Zu groß wäre die Gefahr, daß sich die Farbkarpfen ihre empfindliche Haut daran verletzen und sich so Infektionskrankheiten einhandeln könnten. Als Einrichtung sind einige Steinaufbauten ideal, hinter denen sich die Farbkarpfen bei Bedarf verstekken können. Der Bodengrund muß möglichst frei gehalten werden, da die Fische gerne wühlen. Um ein Umkippen der Steinaufbauten zu verhindern, dürfen diese nicht auf dem Kiesbodengrund errichtet werden. Allzuleicht könnten sie beim Wühlen der Fische im Bodengrund abrutschen und umfallen.

Tip: Am besten werden die Steinaufbauten mit Silikon zusammengeklebt und direkt auf dem Aquariumboden aufgestellt.

Für eine dauerhafte Pflege von Farbkarpfen sind Aquarien nicht uneingeschränkt zu empfehlen. Sie können jedoch zum Aufziehen von kleineren Farbkarpfen gute Dienste leisten. Später, wenn die Fische größer geworden sind, können auch sie im Gartenteich untergebracht werden. Dieses Vorgehen kann bei Problemen mit Graureihern nützlich sein, die sich meist nicht an größeren Farbkarpfen vergreifen.

Farbkarpfen im Gartenteich

Die Pflege von Farbkarpfen im Gartenteich ist unweigerlich mit ideologischen Bestandteilen aus der asiatischen Kultur verbunden. Oft besitzen die Pfleger von Farbkarpfen auch einige Bonsai oder plazieren an ausgewählten Orten sogenannte Schneebetrachtungslaternen. Dies kann soweit gehen, daß auch kleinere oder größere selbstgebaute Pagoden die Umgebung des Gartenteichs verschönern. Sehr beliebt sind auch die Bogenbrücken, welche oft die Teichanlagen überspannnen. Daher soll an dieser Stelle die chinesische und japanische Gartenbaukunst etwas näher betrachtet werden. Die japanische Gartenbaukunst hat ihre Wurzeln in China. Aus alten Überlieferungen ist zu entnehmen, daß bereits in der Xia-Dynastie, 2100-1600 v. Chr., Gärten angelegt wurden. Während dieser Zeit entstanden immer pompösere Gartenanlagen. In ihnen soll sich auch die schwindende Moral und der Zerfall der Dynastie widergespiegelt haben. Erste Beschreibungen in den Jahren 340-278 v. Chr., in Form von Liedern, rühmten die wunderschön verzierten Pavillons. Überdachte Galerien verbanden Gebäude und in den gewundenen Wasserläufen blühte der Lotus. Aus den Jahren 221-206 v. Chr. sind die ersten kaiserlichen Parkanlagen bekannt. Der Kaiser Shi Huang soll, der Überlieferung nach, im Shanglin Park ein verkleinertes Abbild seines Reichs besessen haben. Dieser sowie nachfolgende Gärten bestanden aus Parkanlagen und Tiergärten, in denen auch exotische Tiere lebten. Baumgärten und Teichanlagen waren von luxuriös gebauten Terrassen aus gut zu überblikken. Um 100 v. Chr. änderte sich die Betrachtungsweise und die Gärten änderten sich langsam. Sie wurden zum Ort der Besinnung und die äußerliche Pracht verschwand. Die Anlagen konzentrierten sich auf das Wesentliche. Zum Betrachten der Natur dienten kleine Berge, Wasser und Pflanzen und einige ausgewählte Tierarten. Die Gärten waren nicht nur Meditationsort. In ihnen lebten auch die Mitglieder der Herrscherfamilien. Oder sie dienten als Rückzugsraum für die Herren der Oberschicht und ihren Familienangehörigen. Diesen „Luxus" leisteten sich nicht nur Adlige, sondern auch hohe Beamte, Grundbesitzer und wohlhabende Kaufleute. Darüberhinaus wurden in den Gartenanlagen auch Gäste empfangen.

Die Gartenanlagen erreichten beachtliche Ausdehnungen von mehreren Kilomertern bis mehrere hundert Kilometer. Später, als auch viele Privatgärten entstanden, wurden sie auf viel kleinerem Raum angelegt. Es sind dann

meist auch die Privat- oder Tempelgärten, die bis heute überdauert haben, während die großen und prächtigen Gartenanlagen durch kriegerische Einflüsse zerstört wurden. Am ehesten blieben Gartenanlagen verschont, welche das Harmoniebedürfnis ihrer Besitzer und das Einssein mit der Natur ausdrückten. Nicht selten bestanden diese Gärten lediglich aus einer bescheidenen Bambushütte, einem Felsen, einem Teich und einem Baum.
Viel später, in den Jahren 1644-1911, wurden die Ming-Gärten zum Vorbild aller nachfolgenden Anlagen. Die alten Gärten wurden mit viel Liebe bis in die heutige Zeit gepflegt. Es entstanden aber auch in neuerer Zeit immer wieder Gartenanlagen, zum Teil auch anhand alter Vorbilder.
Die Gartenelemente verfügen alle über eine Symbolkraft. Bogenbrücken versinnbildlichen die einzelnen Lebensabschnitte eines Menschenlebens mit seinen Reifungsprozessen. Die geschlungenen Wege richten sich nach der Natur. Auch dort finden sich keine geraden Pfade. Auf alle Seiten hin wird ein Garten von Mauern umschlossen. Sie verhindern das Eindringen von Gespenstern. Zugleich dient die Mauer als Hintergrund für die Pflanzen. Die Öffnungen oder Fenster in den Mauern sollen das Innere mit dem Äußeren verbinden und Transparenz schaffen.
Die Felsen haben unter anderem eine religiöse Bedeutung. Unsterbliche Wesen lassen sich bevorzugt auf Bergen nieder. Felsen symbolisieren die Berge und sollen die Unsterblichen zu einer kurzen Rast einladen. Im Gespräch mit ihnen kann der Gartenbesitzer große Weisheit erlangen oder gar das Geheimnis der Unsterblichkeit erfahren. Die verkleinerte Welt der Gärten und die Modellhaftigkeit der Felsenberge verlangte geradezu nach einem Besatz mit Miniaturbäumen, den Penjing. In Europa sind sie in der japanischen Form der Bonsai bekannt geworden. Neben den Felsen haben auch Steine eine große Bedeutung. Sie laden zum Betrachten ein, um in ihnen allerlei Fantasiegebilde zu erkennen. Das Wasser ist die Seele des Gartens. Der ruhige Wasserspiegel der Teiche verdoppelt auch die Schönheit des Gartens und holt den Himmel mit der „Kraft" der Wasserspiegelung auf die Erde.
Mannigfaltig ist die Symbolik der Planzen. Die hier nur kurz wiedergegeben wird. Die Winterkirsche kündigt den Frühling an. Der Bambus verkörpert das Aufrechte und Edle im menschlichen Leben. Darüberhinaus haben auch die Tiere ihren Platz im Garten. Sei es als lebende Individuen – wie die Mandarinenten, welche ein immerwährendes Eheglück versinnbildlichen – oder in Form von deren Abbildungen. Bildliche Darstellungen beispielsweise, auf welchen ein Karpfen durch das Drachentor springt, stehen für den Gelehrten, der eine große Karriere vor sich hat.
Mit dem Ausbreiten des Buddhismus gelangte die Gartenbaukunst nach Japan. Während in China die Gartenformen naturnäher blieben, hat sich die Gartenbaukunst in Japan weiter-

Japanische Parkanlagen haben eine ungewöhnliche Ausstrahlung. Es sind Gärten von höchster Einfachheit und Vollkommenheit. In ihnen läßt sich die Seelenruhe finden, indem man die Natur erlauscht und mit ihr eine gedankliche Verbindung eingeht.
Foto: Peter Boehrer

***oben:** Der Basisabfluß wird vor dem Bau der Teichwandungen montiert.*

***rechts:** Bei diesem Beispiel wird der Filter unterhalb eines Stegs plaziert. Dadurch ist er später nicht mehr zu sehen. Zur Reinigung des Filters kann der Steg im Bereich des Filters angehoben werden.*
Fotos: Beatrice Oesch

entwickelt. Vieles wurde abstrahiert. Fließendes Wasser wird durch sorgfältig geharkte Kiesel dargestellt. Der Stein als solches, wie auch der Garten selbst, symbolisiert die Welt im Kleinen. Den Pflanzen wird durch eine intensive Pflege ein harmonisches und mit der Miniaturlandschaft in Einklang stehendes Aussehen verliehen. Die Gebäude weisen eine Reduzierung auf das Wesentliche auf und sind weit feiner gearbeitet.
Natürlich nehmen in all jenen japanischen Gärten, in welchen Farbkarpfen gepflegt werden, die Fische eine besondere Stellung ein. Neben ihrer Schönheit und ihrem Vermögen, sich harmonisch ins Gesamtbild einzugliedern, demonstrieren sie auch die Lebenshaltung sowie die soziale Stellung ihrer Besitzer. Obwohl in „neuerer“ Zeit in Japan Farbkarpfen in aufgestellten Schwimmbecken ihr Dasein fristen mußten, wird gerade dem Teichbau große Aufmerksamkeit geschenkt.

Bau eines Teichs

Über den Erfolg einer dauerhaften Farbkarpfenpflege entscheidet in erster Linie die Bauweise der Teichanlage. Natürlich könnten kleinere Exemplare für eine gewisse Zeit auch in verschiedenen anderen Teichtypen gepflegt werden. Extreme klimatische Bedingungen, wie große Hitze oder plötzliche Kälteeinbrüche, können aber in ungeeigneten Teichanlagen verheerende Folgen für die Farbkarpfen haben.
Eine Teichanlage für Farbkarpfen sollte eine Wassertiefe von rund 2 m aufweisen. Somit sind die Wassertemperaturen keinen zu hohen, plötzlichen Schwankungen unterworfen. Die Formgebung des Teichs ist so anzulegen, daß durch die vom Filterauslauf erzeugte Wasserzirkulation, der Schmutz beziehungsweise der Schlamm an den tiefsten Punkt gelangt. Dort, sozusagen an der Schlammsammelstelle können die Schmutzstoffe, je nach Bedarf, in Abständen von zwei bis fünf Tagen durch den Teichablauf weggeführt werden. Das damit nun fehlende Wasser ist durch Frischwasser zu ersetzen. Auf die flächenmäßige Ausdehnung des Teichs ist ebenfalls zu achten. Eine Grundfläche von rund 20 m^2 ist nicht zu groß bemessen. Je größer der Teich ist, um so besser.
Besonders bei hohen Wassertemperaturen im Sommer kann der Sauerstoffgehalt des Wassers absinken. Ein zuschaltbarer Wasserfall dient zur Sauerstoffanreicherung und ist außerdem noch eine attraktive Bereicherung für

eine Teichanlage. Hierfür entnimmt eine Pumpe das Wasser aus dem Teich und führt es über eine oder mehrere angelegte Kaskaden wieder zurück.

Achtung: Während den kalten Jahreszeiten, wenn die Eisbildung den Betrieb eines Bachlaufs mit Wasserfall verhindern würde, ist auf dessen Betrieb zu verzichten.

Dann ist der Sauerstoffbedarf der Fische aber auch geringer und die Sauerstoffsättigung des Wassers um einiges größer.
Zum Bau einer Teichanlage stehen verschiedene Materialien zur Auswahl. Bewährt haben sich Betonteiche, die mit einer verschweißten Teichfolie ausgekleidet werden. Der Vorteil liegt darin, daß der Beton die Teichfolie vor Mäusefraß schützt und der Teich zu Reinigungszwecken begehbar wird, ohne daß spitze Steine im Untergrund die Folie dadurch schädigen könnten. Der Betonkörper erbringt bereits in einer eingebrachten Schichtstärke von 10 cm die gewünschten Anforderungen, was zudem spätere Veränderungen am Teich vereinfacht. Der Beton läßt sich ohne großen Aufwand verarbeiten. Die Dichtigkeit wird von der Teichfolie gewährleistet. Beide Materialien in Kombination ergeben auch eine kostengünstige Lösung, um sich einen Gartenteich anfertigen zu lassen.
Die Konzeption einer Teichanlage muß den häufigsten Problemen mit Gartenteichen für Farbkarpfen Rechnung tragen. Das Algenwachstum, die Wasserverschmutzung und die damit einhergehende Ablagerung von Schlamm und ein möglicher daraus entstehender Sauerstoffmangel können einerseits durch eine gute Wasserfilterung, aber auch durch eine entsprechende Teichform beeinflußt werden. Die Form des Teichs soll eine gute Wasserzirkulation gewährleisten.

Hinweis: Nischen oder strömungsfreie Zonen fördern Schlammablagerungen durch Schwebstoffe, die so vom Filtersystem nicht beseitigt werden können.

Darin liegt auch ein Grund, warum die Teichfolie möglichst plan ausgelegt und verschweißt wird. Dies verhindert die Faltenbildung, worin sich Schlammablagerungen ansammeln und „giftige" Fäulnisherde bilden.
Die Teichgröße und -tiefe richtet sich auch nach der Menge der zu pflegenden Farbkarpfen. Als Faustregel gilt, daß pro ausgewachsenem Farbkarpfen mindestens ein Kubikmeter, also 1000 l Wasser zur Verfügung stehen müssen. In Mittel- und Nordeuropa wird eine Teichtiefe von 1,2 m bis 2 m verlangt, damit die Fische den Winter schadlos überstehen. Um zu verhindern, daß im Winter der Teich durch die Eisbildung Schaden nimmt, sind die Teichränder stets konisch nach oben verlaufend anzulegen. Bei senkrechten Betonwänden ist dagegen die Teichwandung entsprechend breiter zu bauen. Je nach Teichgröße

Farbkarpfenteich mit natürlicher Randbepflanzung. Foto: Beatrice Oesch

Blick in einen Farbkarpfenteichfilter. Foto: Hans Gonella

etwa 30 bis 50 cm. Wenn immer die Möglichkeiten dazu bestehen, sollte ein Teich natürlich möglichst tief angelegt werden und das Volumen nicht zu knapp bemessen sein. Vielleicht kommen ja mit der Zeit noch mehr Farbkarpfen hinzu.

Nicht nur die Teichanlage sollte großzügig angelegt werden, sondern auch die Technik entsprechend ausgelegt sein. Leistungsfähige Filterpumpen und Filtersysteme, deren Handhabung bei der Reinigung problemlos durchzuführen ist, sparen viel Ärger. Deshalb dürfen nur Produkte Verwendung finden, die eigens für große Teiche konzipiert wurden. Vor allem Pumpen, die für kleine Teiche angeboten werden, sind zwar günstiger, versagen aber sehr schnell unter den Anforderungen, die bei einem großen Farbkarpfenteich gestellt werden.

Am Material für die Rohrleitungen darf ebenfalls nicht gespart werden. Im Fachhandel sind witterungsbeständige Rohrleitungen aus PVC erhältlich, die mit den dazu passenden Verbindungsstücken auch ein wasserdichtes Verlegen der Rohre durch die Teichfolie gewährleisten, dies für die Ein- und Ausläufe der Filter, beziehungsweise für die Basisabflüsse, die am tiefsten Punkt des Teichs für eine optimale Abführung der Schmutzstoffe verantwortlich sind.

Die Linienführung der Rohrleitungen hat so weit wie möglich geradlinig zu verlaufen. Falls eine Rohrleitung einmal verstopft ist, wird dadurch die Reinigung erleichtert. Das heißt, daß die Rohrleitung vom Basisabfluß direkt zum Filter führen muß, damit zugleich eine bestmögliche Abführung der Schwebstoffe im Wasser gewährleistet ist.

Es ist durchaus möglich, einen großen Gartenteich im Eigenbau anzulegen. Im Gegensatz zu einem kleineren Biotop sind aber einige zusätzliche Aufwendungen erforderlich. Man denke nur einmal an die Aushubarbeiten, die von Hand viel Zeit benötigen. Die Betonarbeiten, das Schweißen der Teichfolie und das fachgerechte Verlegen der Druckrohre aus PVC, wie die wasserdichten Leitungslegungen durch die Teichfolie, verlangen einige Erfahrungen. Handwerklich ungeübten empfiehlt es sich daher, den Bau eines Gartenteichs in Auftrag zu geben. Allerdings haben nicht alle Anbieter für den Bau von Gartenteichen gleichviel Erfahrung in der Anlegung von Teichanlagen, in denen Farbkarpfen gepflegt werden sollen, wie dies eigentlich angenommen werden könnte. Seriöse „Teichbauer“ können aber einen Leistungsnachweis aufgrund ihrer bisherigen Tätigkeit erbringen. Intensiv geführte Gespräche über die Anforderungen, welche die Teichanlage erbringen muß, geben meist schnell Aufschluß über das tatsächliche Fachwissen des Teichbauers. Im Zweifelsfalle oder wenn kein geeigneter Teichbauer gefunden werden kann, sind die gewünschten Adressen aus den entsprechenden Fachzeitschriften über Farbkarpfen zu entnehmen.

In der Regel werden die Teiche für Farbkarpfen nicht bepflanzt. Wer trotzdem nicht völlig auf Sumpfpflanzen verzichten möchte, kann für die Bepflanzung mit Seerosen spezielle Gefäße im Teich plazieren. Wenn erforderlich, lassen sich diese im Winter samt der darin gepflanzten Seerosen auch außerhalb des Teichs im Keller überwintern. Dies, um die unerwünschte Bildung von Fäulnisgasen zu verhindern, die bei zugefrorener Wasseroberfläche die Farbkarpfen vergiften könnten. An den Rändern können dagegen in den vom Teich getrennten Seichtwasserzonen Schilf und andere

Sumpfpflanzen schöne Pflanzenbestände ausbilden, ohne einen negativen Einfluß auf die Fische auszuüben.

Die Filterung des Teichwassers

Für eine zufriedenstellende Farbkarpfenpflege ist eine gute Wasserfilterung unerläßlich. Oft leben ja viele Fische in einem Teich, welche die Wasserqualität durch ihre Ausscheidungsprodukte stark beeinträchtigen. Zudem möchte der Pfleger sicher auch die farbenprächtigen Fische ohne die Beeinträchtigung einer Wassertrübung beobachten können.

Zur Filterung des Teichwassers bietet der Handel eine Vielzahl Produkte an. Filtergröße und Leistung der Filteranlage müssen aber der Größe des Gartenteichs angepaßt sein. Über Erfolg oder Mißerfolg einer Wasserfilterung entscheiden schlußendlich auch die Unterhaltsarbeiten, beziehungsweise Reinigungsarbeiten am Filter. Mitunter kann eine wöchentliche Filterreinigung nötig werden, wenn im Sommer größere Mengen an Schmutzstoffen anfallen. Die Plazierung der Filteranlagen bedarf dementsprechend einen freien Zugang für die Reinigungsarbeiten. Filter, die nur durch einen erschwerten Zugang gewartet werden können, machen jede Reinigung zu einer Qual für den Pfleger. In der Folge wird das Reinigen der Filter oft vernachlässigt, was den Fischen schadet.

Ob Innenfilter, deren Filtermaterialien sich im Teich selbst befinden, oder ob Außenfilter in den Einsatz gelangen, entscheidet schlußendlich der Käufer selbst.

Für die großen und tiefen Teiche eignen sich für die Pflege von Farbkarpfen nur Außenfilter.

Sie erlauben einen bedienerfreundlichen Zugang und sind wartungsfreundlich. Zudem lassen sie sich jederzeit ohne Anstrengung auf ihren Verschmutzungsgrad überprüfen. Grundsätzlich lassen sich bei den Außenfiltern zwei Varianten zur Plazierung unterscheiden. Die eine wird neben dem Teich ins Erdreich eingegraben, die andere kommt auf das Terrain neben dem Teich zu stehen. Aus optischen Gründen entscheiden sich deshalb viele Teichbesitzer für die eingegrabene Variante. Für Teiche, die jedoch bassinartig angelegt werden, und eine Mauerhöhe von rund einem Meter und mehr aufweisen, werden die entsprechenden Filter meist ebenerdig neben dem Teich aufgestellt. Bei beiden Varianten bedarf es aber eines kleinen Betonfundaments, welches die Stabilität der Filter gewährleistet. Die Außenfilter bestehen aus Modulmodellen, deren Gehäuse aus UV-stabilem Polyethylen

Diese Aufnahmen zeigen die Filtersysteme in einem japanischen Zuchtbetrieb. Vom Prinzip her funktionieren diese wie Teichfilter. Lediglich die Filterleistungen, bzw. die Filtergrößen sind an die zu reinigenden Wassermengen angepaßt. Fotos: bede-Verlag

hergestellt wird. Dazu zählen Sedimentationsfilter (Vortex), Bürstenfilter, Biofilter und Rieselfilter (alle rückspülbar). Solche Filter lassen sich einfach installieren und fallen durch ihre Wartungsfreundlichkeit auf. Damit die eingegrabenen Filter auch optimal funktionieren, müssen sie neben anderem lagerichtig aufgestellt werden. Die Fülltrichter müssen bis zum oberen Rand im Boden eingegraben werden. Nach dem Anbringen der Rohre ist der durch den Aushub entstandene Luftraum mit eingewässertem Sand zuzuschütten, um die nötige Stabilität des Filters zu erreichen. Gleichzeitig mit dem Auffüllen der Grube, die um den Filter entstanden ist, muß dieser mit Wasser gefüllt werden. Somit wird eine Deformierung des Filtergehäuses vermieden, was mehr für eckige Filtermodule, als für runde Filtermodule gilt. Auf jeden Fall sind die mitgelieferten Montage- und Gebrauchsanleitungen der Hersteller genauestens zu befolgen, damit keine Fehler beim Aufstellen der Filter gemacht werden können.

Je nach Teichgröße und anfallenden Schmutzstoffen müssen ein oder mehrere der Filtermodule installiert werden, die in verschiedenen Größen angeboten werden.

Tip: Ideal ist die Kombination eines Filters zur Schlammabsetzung und eines Filters für die biologische Reinigung.

Letztere gibt es auch als Rieselfilter im Angebot, die einen höheren Schadstoffabbau gewährleisten können. Die Filtermaterialien eines biologischen Filters setzen sich aus Bürsten für die Entfernung des groben Schmutzes und aus Schaumstoffpatronen für die Feinstreinigung zusammen. Wahlweise lassen sich auch UV-Klärgeräte in den Filtern unterbringen, welche dem Algenwachstum im Gartenteich entgegen wirken, indem sie die Algen zerstören, die dann schließlich im Filter aufgefangen werden. Beim System des Rieselfilters rieselt dagegen das Wasser – wie der Name des Filters schon sagt – über einen Sprühstab auf ein Kunststoff-Filtermedium. Dadurch wird ein höherer Sauerstoffgehalt im Filter erreicht, was die Bakterientätigkeit zum Abbau von Schadstoffen erhöht.

Bei der Planung des Gartenteichs ist die relative Größe der Modulfilter einzurechnen. Je nach Filtergröße besitzen sie einen Durchmesser von 800 bis 1200 mm. Im Übrigen lassen sich die handelsüblichen Filtermodule auch hervorragend mit neben dem Teich angelegten Flachwasserzonen ergänzen. Indem das Wasser aus dem Filter in die Flachwasserzone geleitet wird und von dort über einen kleinen Wasserfall in den Teich gelangt, erhöht sich der Reinigungsgrad des filtrierten Wassers um ein Vielfaches. Dafür ist natürlich ein entsprechend größerer Raumbedarf für die Filterung des Teichwassers erforderlich, der sich jedoch sehr günstig auf die Wasserqualität auswirken kann, weil die in der Flachwasserzone wachsenden Sumpfpflanzen einen Teil der anfallenden Nitrate verwerten.

Die Bedeutung der Wasserqualität

Für die Gesunderhaltung der Farbkarpfen ist eine gute Wassergüte unerläßlich. Zum einen wird dies durch ein geeignetes Filtersystem gewährleistet. Zum anderen ist auch auf die Wasserqualität zu achten. Wasserhärte und pH-Wert spielen dabei eine große Rolle.

Hinweis: Bezüglich der Anpassung an verschiedene Wasserqualitäten besitzen die Farbkarpfen eine verhältnismäßig hohe Toleranz.

Trotzdem fühlen sie sich in mittlerer Wasserhärte wohler, als bei niedrigen Härteverhältnissen. In Japan findet sich oft sehr weiches Wasser. Um das Teichwasser aufzuhärten, geben die japanischen Züchter Unmengen von kalkhaltigen Muschelschalen ins Wasser. Diese setzen langsam Kalk frei und härten somit das Teichwasser behutsam und kontinuierlich auf. Auch im europäischen Raum gibt es Regionen, die über sehr weiche für Trinkwasserzwecke genutzte Wasservorkommen verfügen.

Verfügt ein Teich über einen Bachlauf, dann ist dies für die Sauerstoffversorgung des Wassers während den wärmeren Jahreszeiten sehr vorteilhaft. Diese Herbststimmung im Garten fasziniert auf außergewöhnliche Weise und inspiriert geradezu zur Meditation. Foto: Pius Notter

In der Regel ist aber das Leitungswasser – welches auch zum Auffüllen der Teiche genutzt wird – eher hart; das heißt es befinden sich mehr oder weniger hohe Anteile an Härtebildnern im Wasser.
Zum allgemeinen Verständnis sollen die nachfolgenden kurzen Ausführungen zu den Wasserinhaltsstoffen dienen. Sie helfen mit, das Element Wasser und seine Besonderheiten besser zu verstehen. Wasser – beziehungsweise seine Moleküle – besteht nicht nur aus zwei Teilen Wasserstoff und einem Teil Sauerstoff. Das Wasser vermag auch unzählige Stoffe an sich zu binden. Das heißt, als das Lösungsmittel schlechthin trägt es verschiedenste Bestandteile in sich. Die im Wasser gelösten Stoffe lassen sich grundsätzlich in drei Gruppen aufteilen. Alle drei Gruppen nehmen in der Fischpflege eine bedeutende Stellung ein.
Die erste Gruppe bilden die Salze. Sie sind im Allgemeinen besser unter dem Namen Mineralien bekannt. In gelöster Form bestehen die Salze aus zwei Bestandteilen, denn sobald ein Salzmolekül im Wasser gelöst wird, teilt es sich meist in ein positiv geladenes Ion (Kation) und in ein negativ geladenes (Anion). Hervorgerufen wird dieser Prozeß von den Wassermolekülen, die sich sozusagen zwischen die Salzmoleküle drängen. Es sind dann auch die Kationen und Anionen, welche im Wasser nachgewiesen werden können. Rückschlüsse, um welche speziellen Salze es sich vormals handelte, sind nachher meist nicht mehr möglich.
Die zweite Gruppe besteht aus Gasen. Allen voran sind es der Sauerstoff, der Stickstoff und das Kohlendioxid, die auch im Gartenteich für die Fischpflege bedeutsam sind. Zwischen der Atmosphäre und dem Wasserkörper stehen die Gase in einem gewissen Gleichgewichtszustand, der in Abhängigkeit zur Wassertemperatur und gegebenem Druck in der Atmosphäre steht.
Die dritte Gruppe umfaßt die organischen Verbindungen. Gerade diese sammeln sich im Gartenteich in großen Mengen an.

Achtung: Die Ausscheidungen der Fische, Futterreste und natürlich abgestorbene Pflanzenteile reichern das Wasser mit organischem Material an.

Wird dieses nicht mittels Filterung oder einem Erneuern des Teichwassers entfernt, dann kann es zu folgenschweren Problemen für die Fische kommen.
Wie schon erwähnt, kann die Wasserhärte erheblichen Einfluß auf die Gesundhaltung der Fische nehmen. Die Wasserhärte ist meßbar, wobei in erster Linie die Karbonathärte sowie die Calcium- und Magnesiumhärte von Interesse sind. Zusammen ergeben sie die Gesamthärte, die in °dGH, Grad deutscher Gesamthärte, angegeben wird. Diese – eigentlich veraltete – Bezeichnung gilt in der privaten Fischpflege heute noch. Sicher berechtigt, da sie sich im allgemeinen Sprachgebrauch etabliert hat. Die neuere Bezeichnung nach DIN-Norm richtet sich nach der Summe der Calcium- und Magnesium-Konzentration, wobei die Hydrogencarbonatkonzentration des Wassers mit der Säurekapazität (bis pH 4,3) identisch ist. Anstatt in °dGH lautet nun die Bezeichnung Millimol pro Liter. Dementspre-

chend ist 1 mmol/l Karbonathärte mit 2,8 °KH identisch. Der „Verwirrung" noch nicht genug, kommt hinzu, daß die einzelnen Länder auch heute noch über unterschiedliche Größen für die Angaben von Härtegraden verfügen. So entspricht ein deutsches Grad, 1,25° englischer Härte oder 1,78° französischer Härte, oder aber 17,8° amerikanischer Härte.

Der Idealbereich für Farbkarpfen liegt zwischen 10 bis 20 °dGH und circa 10 °KH.

Sofern die örtliche Wasserqualität erheblich von diesen Werten abweicht, müssen Maßnahmen ergriffen werden. Entweder ist das Wasser aufzuhärten, oder aber mit geeigneten Gerätschaften zu enthärten. Zur Aufhärtung des Leitungswassers eignen sich flüssige Zusatzstoffe. Soll hingegen das Leitungswasser enthärtet werden, so geschieht dies, bei den Mengen des benötigten Wassers, vorzugsweise mit einer Umkehrosmoseanlage.

Der pH-Wert wird durch die Karbonathärte und das im Wasser vorhandene gelöste Kohlendioxid reguliert. Der richtige pH-Wert ist bei der Pflege von Farbkarpfen insofern wichtig, weil zu hohe Werte einen chemischen Prozeß in Gang setzen. Das bedeutet, daß sich die im Wasser befindlichen, relativ ungefährlichen Ammonium-Ionen als bakterielles Abbauprodukt von Eiweißen, in das für Fische giftige Ammoniak umwandeln. Periodische Messungen des pH-Werts müssen deshalb zu den Routinearbeiten gehören. Liegt der pH-Wert zwischen 7 und 8, dann sind in diesem Zusammenhang wohl kaum Probleme zu erwarten. Liegt der pH-Wert um einiges tiefer, so kann er mit geeigneten Zusätzen zum Aufhärten des Wassers relativ leicht reguliert werden.

Der pH-Wert ist das Maß für den Säuregrad einer Flüssigkeit. Gemessen wird der negative dekadische Logarithmus (p) der Wasserstoffionen-Konzentration (H), was letztendlich eine zehnfache Veränderung pro Skalaeinheit bedeutet. Auf ständig schwankende pH-Werte, zum Beispiel durch Frischwasserzugaben, reagieren die Fische sehr empfindlich. Ein pH-Wert von Null entspricht einer überaus starken Säure. Ein pH-Wert von 14 entspricht dagegen einem extrem basischen (alkalischen) Milieu. Der neutrale Bereich von pH 7 bezeichnet seinerseits das Säure-Basen-Gleichgewicht.

Im Zusammenhang mit der Wasserqualität, beziehungsweise durch das Einleiten von Leitungswasser in den Gartenteich, soll auch noch das Thema der Trinkwasser-Desinfektion angesprochen werden. Je nach Ortschaft oder Region geben die Wasserwerke dem Leitungswasser Chlor oder anderes bei. Besonders gelöstes Chlor besitzt die Eigenschaft, relativ lange im Wasser zu verweilen. Vor allem im kühleren Wasser reagiert das Chlor überaus träge und bleibt lange aktiv. Dies kann die Kiemen der Fische stark schädigen, was wiederum zum Tode führen kann. Werden durch die Wasserwerke dem Wasser größere Mengen an Chlor beigegeben, über 5 mg/l, so ist das Leitungswasser über Aktivkohle zu filtern, welche das Chlor aus dem Wasser entfernt. Wird ein Wasserwechsel bei sehr kühlen Wassertemperaturen durchgeführt, dann ist das Frischwasser auch bei geringsten Chlormengen zu entchloren.

Die Wassertemperatur

Die Wassertemperatur nimmt erheblichen Einfluß auf das Wachstum und das Wohlbefinden der Farbkarpfen. Bei sommerlichen Wassertemperaturen zeigen die Farbkarpfen ein viel lebhafteres Verhalten und nehmen auch mehr Nahrung zu sich. Stetig schwankende Wassertemperaturen von kühl bis warm vertragen die Farbkarpfen schlecht. Ihr gesamter Stoffwechsel ist von der jeweiligen Wassertemperatur abhängig und kann aufgrund dauernder Schwankungen durcheinander geraten. Im schlimmsten Falle erleiden die Fische sogar sogenannte Temperaturschocks, die tödlich enden.

Aus den eben genannten Gründen eignen sich die für die einheimischen Wassertiere angelegten Biotope nicht für die Pflege von Farbkarpfen. Bei zu geringem Wasservolumen und zu geringer Wassertiefe unterliegt das Teich-

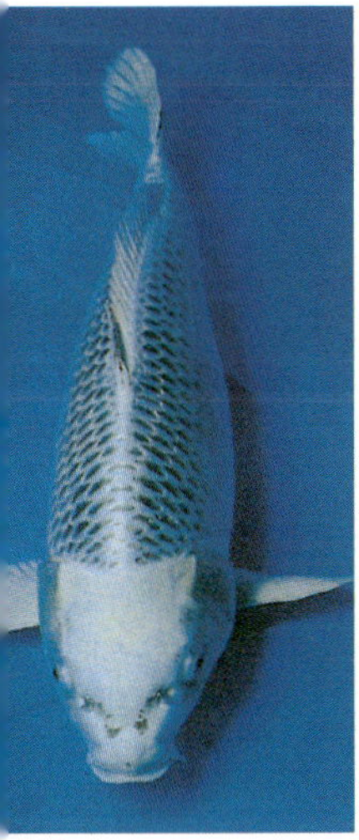

wasser zu großen Temperaturschwankungen. Ein nächtlicher Kälteeinbruch kann so bereits die Fische schädigen. Hingegen bleibt die Wassertemperatur bei entsprechend tief angelegten Teichen länger konstant und die Fische können sich langsam an die sich veränderten Wassertemperaturen der jeweiligen Jahreszeiten anpassen. Unter solchen günstigen Bedingungen können die Farbkarpfen ohne Bedenken auch während des Winters im Freien gepflegt werden.

Nebst den Möglichkeiten, den Teich sehr tief anzulegen oder das Teichwasser zu beheizen, was jedoch sehr kostenintensiv ist, gibt es eine gute Alternative dazu. Damit ist der Wintergarten angesprochen. Auf die Dauer zahlt sich die Investition in einen Wintergarten aus, der die Teichanlage umschließt. Durch die wärmenden Sonnenstrahlen im Winter und die vom Haus abgegebene Wärme kühlt das Teichwasser weit weniger aus und verhindert die Bildung einer dicken Eisschicht.

Viele Gartenteichbesitzer, die einen sogenannten Biotop ihr Eigen nennen, sind sicher daran gewöhnt, ohne viel Aufwand die Pflanzen- und Tiergemeinschaft am Leben zu erhalten. Hin und wieder sind die Fische zu füttern, seien dies nun Goldfische oder einheimische Kleinstfische und bei Bedarf das verdunstete Wasser durch Frischwasser zu ersetzen. Selten braucht es mehr, um sich am Teich zu erfreuen. Bei der Pflege von Farbkarpfen sieht dies hingegen anders aus. Erst ein entsprechender und nicht zu unterschätzender Pflegeaufwand führt zum Erfolg. Zum besseren Verständnis hierfür kann vielleicht ein Vergleich herhalten. Man stelle sich vor, einige Rasse-Vollblutpferde ohne nennenswerte Pflege ganzjährig auf der Koppel zu halten und schon bald würden die ersten unter ihnen Schäden davontragen, bis schließlich auch das letzte der wertvollen Tiere jämmerlich zugrunde ginge. Den Farbkarpfen ihrerseits sind die Folgen einer unsachgemäßen Pflege nicht so schnell anzusehen. Plötzlich ist es zu spät, um zu reagieren und es schwimmen nur noch glitschige Leichen im Gartenteich.

Der Pfleger muß sich von Anfang an vor Augen führen, daß neben einem artgerechten Gartenteich auch die Pflegemaßnahmen maßgeblich zum Wohlbefinden seiner Fische beitragen.

Die regelmäßigen Pflegemaßnahmen

Neben dem richtigen Füttern – was nachfolgend noch eingehender beschrieben wird – hat die regelmäßige Kontrolle der Wasserqualität des Teichs erste Priorität. Gerade in den wärmeren Sommermonaten lohnt es sich, die Wasserqualität alle paar Tage zu kontrollieren. Dies vor allem dann, wenn eine Teichanlage noch nicht lange in Betrieb ist und ausreichend Erfahrungswerte über das Geschehen gesammelt werden konnten. Als Beispiel sei hier die Karbonathärte und ihre Pufferwirkung auf den pH-Wert genannt. Das heißt, sobald dem Wasser durch die Wasserpflanzen oder eine Algenblüte das vorhandene gelöste Kohlendioxid entzogen wird, fällt das Calziumcarbonat in wasserunlöslicher Form aus. In der Folge steigt der pH-Wert an. Bei einem pH-Wert über 8,5 wird es für die Fische kritisch. Durch die Ausfällung wird nun aber plötzlich auch das erneut frei werdende Kohlendioxid nicht mehr „aufgefangen" und der pH-Wert sinkt danach gefährlich tief ab. Die Fische vertragen erwartungsgemäß einen übermäßig schwankenden pH-Wert schlecht und können sogar daran sterben. Die Gefahr eines sogenannten „pH-Sturzes" ist allerdings im weichen Wasser um einiges größer, als im Wasser mit höherer Härte

Gin Matsuba: *Farbkarpfen mit silbriger metallisch leuchtender Färbung. Als Kin Matsuba bezeichnet man dagegen Fische mit gelber bis zitronengelber Grundfarbe und gut sichtbaren Schuppen. Matsuba heiß soviel wie Tannenzapfenmusterung. Foto: Aqualife*

Sumpfteil der an einem Teich für Farbkarpfen angrenzt. Das Wasser aus dem Filter wird über den Sumpfteil geleitet und so zusätzlich gereinigt. Der Kunststoff-Reiher soll lebende „Artgenossen" abhalten sich ebenfalls in Teichnähe niederzulassen. Oft gelingt diese Täuschung, da sich Reiher außerhalb der Fortpflanzungszeit in der Regel nicht gegenseitig nähern. Foto: Hans Gonella

beziehungsweise Karbonathärte. Doch sollte es soweit nicht kommen, wenn die Pflanzenbestände im Gartenteich unter Kontrolle gehalten werden. Schließlich muß ja auch noch genügend Schwimmraum für die Fische übrig bleiben. Dazu gehört auch die regelmäßige Pflege der Wasserpflanzen, die ein Entfernen von abgestorbenen Pflanzenteilen beinhaltet. Und zu einer Algenblüte darf es schon gar nicht kommen. Dafür hat eine gut funktionierende Filterung des Wassers zu sorgen.

Trotz ausreichender Filterung des Wassers kann es während des Sommers zu einem vermehrten Algenwachstum kommen. Einige Algen im Gartenteich sollten jedoch noch keinen Anlaß zur Besorgnis geben. Schließlich gehören auch die Algen in einen Gartenteich. Nehmen aber die „ungeliebten" Untermieter überhand, so können sie sich zu einem echten Problem entwickeln. Wird nichts gegen sie unternommen, dann können sie sich auch ungünstig auf das Wohlbefinden der Fische auswirken. Neben akutem Sauerstoffmangel bei den Fischen, als eines der auftretenden Probleme, können absterbende Algenbestände auch die Wassergüte stark beeinträchtigen. Dabei ist mit wenigen vorbeugenden Maßnahmen einem übermäßigen Algenwachstum verhältnismäßig leicht entgegenzuwirken. Zum Einen ist ein Überschuß an Nährstoffen im Wasser zu vermeiden.

Tip: Eine gute Filterung sowie ein gezieltes und nicht übermäßiges Füttern der Fische verhindert ein Nährstoffüberangebot.

Allenfalls kann ein Teilwasserwechsel mithelfen, den Nährstoffüberschuß abzubauen. Allerdings ist dieser sehr behutsam durchzuführen. Auf keinen Fall darf das beigegebene Frischwasser einen plötzlichen Temperatursturz herbeiführen. Dies würde von den Fischen schlecht vertragen. Zum Zweiten hilft eine Abschattung der Teichanlage mit, das Algenwachstum einzudämmen. Gerade deswegen wird oft empfohlen, den Gartenteich nahe von Baumbeständen oder großwüchsigen Sträuchern anzulegen, die während eines Großteils des Tages ausreichend Schatten liefern können. Darüberhinaus sind noch weitere Möglichkeiten zur Algenbekämpfung bekannt, die jedoch nicht uneingeschränkt empfohlen werden können, da sie zeitweise auch negative Auswirkungen besitzen. Eine Wassereintrübung mit Baulehm beispielsweise ist schon aus rein optischer Sicht nicht jedermanns Sache. Darüberhinaus lassen sich die lehmigen Schwebstoffe nur schlecht wieder aus dem Teich entfernen. Die Beigabe von kohlensaurem Kalk zur Algenbekämpfung bedarf einer peinlichst genauen Dosierung mit einhergehender, laufender Qualitätskontrolle des Teichwassers. Am besten ist es aber, ein übermäßiges Algenwachstum schon gar nicht aufkommen zu lassen. Mit einer wirkungsvollen Filteranlage ist dies gut zu schaffen.

Hinweis: Auch eine noch so leistungsstarke Filteranlage verlangt natürlich nach einer regelmäßigen Reinigung.

Je nach Filtertyp hat die Reinigung seltener oder häufiger zu erfolgen. Hier muß jeder Pfleger seine eigenen Erfahrungen sammeln, um den Verschmutzungsgrad seiner Filteranlage abschätzen zu können. Eine wöchentliche Kontrolle des Zustands des Filters muß auf jeden

Fall in den Pflegeplan aufgenommen werden. Ideal sind „Mehrkammerfilter“, so daß abwechslungsweise eine Kammer gereinigt werden kann. Dies beeinträchtigt die biologische „Reinigungskraft“ weit weniger. Zugleich dürfen die Filtermaterialien nur unter kaltem oder handwarmem Wasser ausgespült werden, um die wasserreinigenden Bakterien, die sich auf dem Filtermaterial befinden, nicht übermäßig zu schädigen.
Bei einem eigens für Farbkarpfen angelegten Gartenteich ist ein regelmäßiger Wasserwechsel, wie man diesen bei der Pflege von Zierfischen im Aquarium kennt, nicht nötig. Dafür wird mit dem am tiefsten Punkt des Teichs befindlichen Ablauf alle drei bis fünf Tage der angesammelte Schlamm weggeführt. Das damit verlorengegangene Spülwasser aus dem Teich wird durch Frischwasser ersetzt. Weil so nur wenig Wasser aus dem Teich entnommen wird, besteht auch kaum die Gefahr, daß sich die Wassertemperatur im Teich verändert.

Tip: Während der Laichzeit ist der Wassergüte eine besondere Aufmerksamkeit zu schenken.

Leben verhältnismäßig viele Karpfen auf engem Raum zusammen, die gleichzeitig ablaichen, dann können die ausgeschiedenen Geschlechtsprodukte die Wassergüte drastisch verschlechtern. Vor allem, wenn die Filteranlage eine beschränkte Reinigungskraft besitzt. Gegebenenfalls muß ein Wasserwechsel durchgeführt werden, damit die Fische keinen Schaden nehmen.

Gefahren für Farbkarpfen

Nebst allerlei Krankheitserregern, die natürlich für die Farbkarpfen eine Gefahr darstellen, können den Fischen auch allerlei andere Dinge Schaden zufügen. Zum Beispiel sind da die Katzen, sie versuchen mit Vorliebe mit ihren krallenbesetzten Pfoten die auffällig gefärbten Fische zu erhaschen. Bei kleineren Farbkarpfen können ihre Bemühungen hin und wieder erfolgreich sein. Erwachsenen Farbkarpfen fügen sie dagegen unschöne Verletzungen zu. Unter Umständen können an den Wunden gefährliche Infektionen auftreten. Und oft bleiben auch Narben zurück, welche die Schönheit der Fische beeinträchtigen können. Dem Greifen der Katzen nach den Fischen, kann mit einfachen baulichen Maßnahmen entgegengewirkt werden. Ein senkrecht abfallendes Teichufer, welches die Wasseroberfläche etwa 40 cm überragt und mit einer überstehenden Steinplatte zusätzlich gesichert ist, macht es den Katzen unmöglich, einen erfolgreichen Fischfangversuch zu unternehmen. Ein so gesichertes Ufer schützt die Farbkarpfen auch vor Mardern. Gelegentlich versuchen sogar Krähenvögel nach den Fischen zu picken. Mit einem Steilwandufer ist dies ein ebenso erfolgloses Unterfangen. Dagegen können sich alle fischfressenden Vögel, voran der Graureiher, zu einem echten Problem entwickeln. Graureiher wagen sich selbst an unmittelbar neben Gebäuden erstellten Teichanlagen heran und versuchen mit unendlicher Geduld einen der Fische zu fangen. Kleinere Farbkarpfen bis etwa 20 cm Körperlänge werden mühelos gefangen und landen im Magen der Graureiher. An den erwachsenen Farbkarpfen hingegen hinterlassen die Fangversuche unter Umständen gut sichtbare Spuren. Allerdings wird bei richtig angelegten Teichanlagen mit einer Wassertiefe von rund 2 m und fehlenden Flachwasserzonen auch den Graureihern der Fischfang so gut wie unmöglich gemacht. Darüber hinaus können dem Nachwuchs der Farbkarpfen noch allerlei Insektenlarven gefährlich werden, denn beispielsweise Gelbrandkäfer oder Libellenlarven ernähren sich unter anderem auch von Jungfischen. Weil aber die noch ganz kleinen Jungfische auch von den erwachsenen Farbkarpfen erbeutet werden können, lohnt es sich ohnehin, diese herauszufangen und bis zu einer Größe von 10 bis 20 cm im Aquarium großzuziehen, so daß gegenüber fischfressenden Wasserinsekten oder ihren Larven

Auch im Winter ist ein Teich für Farbkarpfen schön anzusehen und strahlt eine außergewöhnliche Ruhe aus. Dies soll auch für die Fische Geltung haben. Die Eisdecke darf – wenn immer möglich – nicht mit Gewalt eingeschlagen werden, um die Sauerstoffversorgung des Teichwassers zu gewährleisten. Foto: Beatrice Oesch

keine speziellen Maßnahmen ergriffen werden müssen.
Zusätzlich kann noch von einer ganz anderen Seite eine Gefahr für die Fische ausgehen. Gemeint ist der Sauerstoffgehalt des Wassers, der auch abhängig zu technischen Einrichtungen stehen kann. Angesprochen ist eine Belüftung des Teichwassers oder ein Wasserfall, der für den zusätzlichen Sauerstoffeintrag gedacht ist. Beides führt zu sehr sauerstoffreichem Wasser, woran sich die Fische sehr schnell gewöhnen. Fällt nun die Belüftung des Teichwassers in einem ungünstigen Moment aus, wie beispielsweise bei warmem Wetter, dann sinkt auch der Sauerstoffgehalt des Wassers. Normalerweise regulieren die Fische einen plötzlich abfallenden Sauerstoffgehalt mit schnelleren Atembewegungen. Überschreitet jedoch der plötzlich fehlende Sauerstoff einen gewissen Punkt, erfolgt ein akuter Sauerstoffmangel der zum Tode der Fische führen kann. Deshalb sollten die Atembewegungen der Farbkarpfen bei etwaigem Abstellen von Belüf-

tungssystemen oder bei einer Unterbrechung der Belüftung wegen Reinigungsarbeiten stets kontrolliert werden. Nötigenfalls ist die Belüftung wieder zu betreiben und zu einem späteren Zeitpunkt erneut versuchsweise abzustellen, bis dies auf die Fische keine nachteiligen Auswirkungen mehr hat.

Die Überwinterung von Farbkarpfen

Der leicht dahingesagte Ausspruch: „Der nächste Winter kommt bestimmt", hat für die Farbkarpfen weit mehr Bedeutung, als man annehmen könnte. Obschon Farbkarpfen auch im kalten Winterwasser überleben können, gilt dies nur, wenn die Wassertemperaturen nicht über längere Zeit zu tief absinken. Als wechselwarme Tiere passen die Farbkarpfen ihre Körpertemperatur derjenigen des Wassers an. Liegt die Wassertemperatur über längere Zeit außerhalb des Vertretbaren, so nehmen die Fische Schaden. Selbst wenn sie nicht sterben, dann sind sie im Frühjahr doch sehr geschwächt oder sogar krank und benötigen einiges länger, bis sie sich erholen.
Die Frage, wie kalt nun das Wasser werden darf, bis es für die Farbkarpfen nachteilige Folgen nach sich ziehen kann, läßt sich nicht ohne weiteres beantworten. Typische Karpfengewässer besitzen eine beachtliche Durchschnittstiefe und gefrieren im Winter nicht unbedingt zu. Außerdem verhält sich das winterliche Milieu eines natürlichen Gewässers ganz anders, als in einem Gartenteich. Kaum jemand wird in einem großen und tiefen, natürlichen Weiher Farbkarpfen halten. Sie wären ja auch kaum ausreichend zu bewundern. Allerdings wären sie mit großer Wahrscheinlichkeit in der Lage, auf die Dauer auch härteste Winterbedingungen zu überstehen. Hinzu kommt, daß das Thermometer auch in Mitteleuropa regional sehr unterschiedlich abfallen kann. In „wärmeren" Regionen und an geschützten Orten eines Gartens, bei entsprechender Wassertiefe des Teichs, ist es möglich, die Farbkarpfen ohne besondere Vorkehrungen im Freien überwintern zu lassen. Dies darf jedoch nur als die Ausnahme betrachtet werden. Viel eher ist eine gefahrlose Überwinterung nur mit entsprechenden Vorkehrungen sichergestellt. Wasser hat bei 4 °C die größte Dichte und ist somit am schwersten. Deshalb sind im Winter

die Wasserschichten nahe des Bodengrunds oft die wärmsten. Wie Messungen ergeben haben, können die Farbkarpfen bei 4 °C problemlos überwintern. Die Wassertemperaturen dürfen nur sehr kurzfristig unter 2 °C fallen, ansonsten nehmen die Fische unweigerlich Schaden.

Wie bereits angesprochen, ist der Einfluß des Winters auf die Farbkarpfen nicht zu unterschätzen. Die Eisdecke kann über längere Zeit zentimeterdick zufrieren und auch die tieferliegenden wärmeren Wasserschichten können bedenklich tief abkühlen. Darüberhinaus kann auch ein Sauerstoffmangel Probleme hervorrufen, was für die Fische nicht selten tödlich endet.

Beispiel einer Innenanlage, die zur Überwinterung, beispielsweise in Kellerräumen, aufgestellt werden kann. Foto: Hans Gonella

Achtung: Besonders in bepflanzten Teichen besteht diese Gefahr, da auch im Winter sauerstoffzehrende Bakterien, wenn auch reduziert, ihrer Tätigkeit nachgehen.

Hinzu kommt die Bildung von giftigen Faulgasen, die durch die Eisdecke nicht aus dem Wasser austreten können. Selbst das stetige Freihalten von Luftlöchern oder das Abdecken des Teichs mit Schilfmatten bietet da keine „hundertprozentige" Sicherheit. Im übrigen nützt auch das Abstellen der Filteranlagen, um das „wärmere Tiefenwasser" nicht aufzuwühlen nichts mehr. Bei entsprechender Teichtiefe besteht weiterhin die Möglichkeit, auch im Winter das Filtersystem mit reduzierter Leistung laufen zu lassen, sofern ein „Mittelwasserablauf" eingebaut wird. Durch einen Schieber läßt sich der Filter, vom Boden- auf den Mittelwasserablauf umschalten, was eine Umwälzung der unteren Wasserschichten weitgehend verhindert. Es lohnt sich aber zur Sicherheit, schon bei der Planung und Ausführung eines Gartenteichprojekts eine Heizung einzukalkulieren. Selbst wenn eine Heizung über Jahre nicht gebraucht wird, könnte die Zeit kommen, daß man froh ist, eine kurzfristig zuschaltbare Wärmequelle im Wasser zur Verfügung zu haben. Ein sogenannter nahe des Teichgrunds montierter Teichheizer kann eine konstante Wassertemperatur von 7 bis 8 °C halten und ist mit den Bemühungen des Pflegers, keine durchgehende Eisdecke auf der Wasseroberfläche aufkommen zu lassen, der beste Schutz für die im Freien überwinternden Fische.

Vorsicht: Durch Gewalt aufgebrochenes Eis stört die Winterruhe der Farbkarpfen.

Erschreckt schießen die Fische wild umher. Dabei besteht eine erhebliche Verletzungsgefahr und die Fische verbrauchen unnötige Energiereserven.

Als Winterhälterung bezeichnet man in Fachkreisen die Pflege von Farbkarpfen im häuslichen Umfeld. Hierfür werden die Fische Ende Oktober, Anfang November in beheizte oder schwach beheizte Räume geholt. Zur Überwinterung von Farbkarpfen bieten sich beispielsweise Kellerräume besonders an. Um etwa zehn ausgewachsenen Farbkarpfen genügend Raum anzubieten, bedarf es rund zehn Kubikmeter Wasser, was etwa einer Behältergröße von mehr als drei mal drei Meter Grundfläche und einem Metern Höhe entspricht. Wer sich keine permanente Einrichtung für die Winterhälterung aus gemauerten Beckenwänden erstellen möchte, der kann sich auch mit Provisorien behelfen. Einerseits besteht

Die Farbkarpfen zeigen auch keine Aggressionen untereinander, selbst dann nicht, wenn sich viele Fische um die Futterstelle versammeln. Foto: bede-Verlag

die Möglichkeit, aus festen Kanthölzern und dikken Holztafeln selbst ein Becken zu zimmern und dieses mit Teichfolie auszulegen. Entsprechend verschraubt, läßt sich ein solches Bekken im Frühjahr jeweils wieder leicht demontieren und platzsparend lagern. Doch gilt es zu bedenken, die selbst gebauten Konstruktionen ausreichend stabil aufzubauen, damit sie dem Gewicht des Wasserkörpers standhalten können. Andererseits besteht auch die Möglichkeit, sich einen kleineren Swimmingpool aus Fertigbauteilen anzuschaffen. Natürlich bedarf es auch bei der Winterhälterung eines guten und leistungsfähigen Filters. Dafür bieten sich kleinere sogenannte Fertigfilter an.

Der Aufenthalt der Farbkarpfen im häuslichen Umfeld hat viele Vorteile. Zuerst gilt es aber die Fische behutsam umzusiedeln. Das Becken

für die Winterhälterung wird hierfür mit Wasser aus dem Gartenteich aufgefüllt und die Fische werden, solange die Wassertemperatur noch nicht zu stark angestiegen ist, zugleich überführt. Nun können sie sich langsam an die ansteigende Wassertemperatur gewöhnen. Damit die Filteranlage vom ersten Tag an optimal funktioniert, werden Teile der Filtermaterialien aus dem Filter des Gartenteichs verwendet. Durch die nun vorhandene Nähe zum Menschen lassen sich auch vielleicht auftretende oder vorhandene Krankheiten leicht erkennen und behandeln.

Tip: Es ist immer wieder zu beobachten, daß die Fische durch den regelmäßigen Kontakt zum Pfleger während der Wintermonate viel schneller handzahm werden und sich auch bereitwillig berühren lassen.

Übrigens läßt sich bei der Innenhälterung auch ausgezeichnet beobachten, wie die Farbkarpfen während der Nacht schlafen. Ihre Kiemendeckelfrequenz sinkt dabei von 60 auf 25 Schläge. Natürlich dürfen die Fische in diesem Zustand nicht gestört werden, um sie nicht unnötig in Panik zu versetzen. Um Verluste durch das Herausspringen von einzelnen Fischen zu vermeiden, muß das Becken für die Winterhälterung mit einem festverankerten, feinmaschigen Kunststoffnetz überspannt werden. Dieses läßt sich für die Fütterung und Reinigungsarbeiten – wie auch für die nötigen Teilwasserwechsel – leicht entfernen. Als Faustregel für die Teilwasserwechsel gilt, daß alle zwei Wochen etwa ein Drittel des Beckenwassers durch Frischwasser in gleichbleibender Temperatur zu ersetzen ist.

Zur Überwinterung kleinerer Gruppen oder noch jungen Farbkarpfen könnten natürlich auch geräumigere Aquarien verwendet werden. Es gilt jedoch zu bedenken, daß die Fische bei guter Fütterung auch in den Wintermonaten in ihrer warmen Umgebung kräftig wachsen werden. Nicht selten sind sie dann im nächsten Frühjahr um fünf bis zehn Zentimeter länger geworden und ein Aquarium ist für die nächste Winterperiode bereits zu klein.

Zum Schluß dieses Abschnitts noch eine Bemerkung zum Thema Beleuchtung des Bekkens für die Winterhälterung. Für die Fische hat das Vorhandensein einer Lichtquelle an und für sich eine untergeordnete Bedeutung. Trotzdem muß den Farbkarpfen während des Tages bis über die Zeit der Abendfütterung eine schwache Lichtquelle zur Verfügung stehen. Eine Glühbirne an der Decke, die den Kellerraum beleuchtet, reicht da bereits völlig aus. Das Licht verhindert, daß die Fische beim Eintreten des Pflegers in den Raum oder sich bei einem plötzlichen Aufflackern der Raumbeleuchtung erschrecken und sich durch ein wildes Umherschießen verletzen können. Die Raumbeleuchtung sollte auch noch mindestens eine halbe Stunde nach der Abendfütterung eingeschaltet bleiben. Ansonsten fressen die in der Dunkelheit ruhenden Fische das angebotene Futter nur zum Teil. Zur besseren Handhabung der Beleuchtungszeiten kann auch eine separat montierte Deckenbeleuchtung über eine Schaltuhr betrieben werden. Fällt durch ein vorhandenes Fenster genügend Tageslicht ein, um den Raum zumindest schwach auszuleuchten, so ist es möglich, auf eine zusätzliche Beleuchtung während des Tages zu verzichten.

Das Verhalten der Farbkarpfen

An einigen Stellen in diesem Buch wurde das vielfältige Verhalten der Farbkarpfen bereits angesprochen. In diesem Abschnitt werden die faszinierenden Verhaltensweisen zusammenfassend betrachtet und ergänzt. Auf keinen Fall sind die Farbkarpfen dumme und träge Fische, deren einziger Vorteil in ihrer Schönheit zu sehen ist. Vielmehr handelt es sich bei den Farbkarpfen um sensible und aufmerksame Wesen, die ihre Umgebung mit wachen Sinnen wahrnehmen.

Wird die Intelligenz, also beispielsweise das Denken oder das Vermögen aus Erfahrungen zu lernen, bei Fischen angesprochen, dann brechen oft kontroverse Diskussionen aus. Die Einen sehen in den Fischen jene seelenlosen Individuen, deren gesamtes Verhalten lediglich auf Instinkthandlungen beruhen. Diese Sichtweise entspricht in etwa dem Weltbild der Tierwelt, wie es der europäische Mensch schon seit jeher hatte. Die Anderen glauben in den Farbkarpfen viele menschliche Charakterzüge zu erkennen, ja sie vermenschlichen die Fische soweit, daß ihnen allerlei Wesenszüge des Menschen nachgesagt werden. Diese Sichtweise können die Farbkarpfen aber nicht erfüllen. Die Wahrheit über die tatsächliche Intelligenz der Farbkarpfen liegt wahrscheinlich irgendwo in der Mitte.

In der Tat besitzen die Farbkarpfen eine Intelligenz – keine Menschenintelligenz – aber eben eine Fischintelligenz.

Eines haben aber die Farbkarpfen doch mit dem Menschen gemeinsam: Es gibt aufmerksamere, „mutigere“ oder furchtsamere Individuen. Die Liste der Aufzählungen ließe sich bestimmt noch beliebig erweitern. Dementsprechend lassen sich die Farbkarpfen auch sehr gut aufgrund ihres Verhaltens unterscheiden. Dies darf aber wiederum nicht so gedeutet werden, daß die Charakterzüge auf denselben Mechanismen wie beim Menschen beruhen.

Die Wahrheit ist, daß über das Verhalten der Farbkarpfen noch sehr wenig bekannt ist.

Das große Verhaltensrepertoire und sicher auch ein gewisses Denkvermögen, welches auf das Verhalten Einfluß nimmt, spielt sich vornehmlich im Verborgenen ab und läßt sich nicht ohne weiteres erkennen.

Gerade das innerartliche Verhalten wird zudem von vielerlei Kommunikationsmöglichkeiten geprägt, die uns allesamt verschlossen bleiben und somit auch keine umfangreichen Rückschlüsse auf das Geschehen im Gartenteich zulassen. Deshalb ist es um so wichtiger, nicht nur die Schönheit der Fische zu betrachten, sondern auch ihr Verhalten eingehend zu studieren. Weichen nun plötzlich die bereits gekannten Verhaltensweisen der Fische vom üblichen Muster ab, so könnte ein bestimmter Grund dafür verantwortlich sein. Liegen zum Beispiel einzelne Fische für längere Zeit träge am Boden, könnte eine Krankheit dafür verantwortlich gemacht werden. Anders ist es, wenn eine abnormale Nervosität im Gartenteich herrscht und nicht abzuklingen scheint.

Kin Ki Utsuri: Dieser Name bezeichnet Farbkarpfen mit metallischem Glanz und orangener Grundfarbe mit schwarzen Flecken. Foto: Aqualife

Vielleicht unterliegen die Farbkarpfen dann einem Streßeinfluß, der sie zu diesem Verhalten drängt. Vielleicht stimmt etwas nicht mit der Wasserqualität oder kleine Räuber – wie Katzen und Graureiher – unternehmen Ausflüge an den Teichrand oder die Fische geraten in Fortpflanzungsstimmung. Die vorangegangenen Ausführungen wollen und können kein bestimmtes Verhaltensmuster mit einer bestimmten Situation in Zusammenhang bringen. Vielmehr sollen Sie dem Pfleger den Anstoß geben, seine Fische aufmerksam zu beobachten und auf die Eindrücke einzugehen. Meist ist ein überstürztes Handeln nicht notwendig, wenn ein bestimmtes Verhalten Anlaß zur Sorge gibt. Nur wenn der Verdacht auf eine Krankheit besteht oder der Auslöser für Verletzungen oder andere gesundheitliche Nachteile ersichtlich werden, ist umgehend einzugreifen. Ansonsten gilt der Ausspruch: Weniger ist mehr.

Tip: Wer bei seinen Fischen regelmäßige Verhaltensbeobachtungen durchführt, wird sehr schnell eine Menge persönlicher Erfahrungen sammeln, die ihm mit der Zeit helfen werden, auf das Geschehen umsichtig zu reagieren.

Hoffentlich können diese kurzen Ausführungen zum Verhalten den Pfleger neugierig machen, um bei seinen Pfleglingen eigene Beobachtungen anzustellen. Und dann läßt sich nur noch eines sagen: Viel Spaß dabei! Die Fische werden es ihrerseits dem Pfleger mit vielen schönen Stunden danken.

Das Sozialverhalten

Die Überschrift dieses Abschnitts wurde bewußt so gewählt, obwohl auch noch andere Aspekte des Fischverhaltens angesprochen werden, denn bei den Farbkarpfen handelt es sich um überaus gesellige Tiere. Zwar handelt es sich bei den Farbkarpfen um keine eigentlichen Schwarmfische, ihr Bedürfnis zur Gruppenbildung ist aber sehr groß. Nur in der Gruppe fühlen sich die Farbkarpfen richtig wohl. Gewissermaßen wirkt die Gruppe beruhigend auf das einzelne Tier. Farbkarpfen, die über längere Zeit einzeln gehalten werden, zeigen nicht selten ein apathisches, wenn nicht auch ein übernervöses Verhalten, welches sich bei Störungen mit einem wilden Davonschießen bemerkbar macht.

Nicht zuletzt auch aufgrund der Zuchtauswahl handelt es sich bei den Farbkarpfen um ruhige und friedliche Fische. Ein aggressives Verhalten gegenüber ihren Artgenossen ist ihnen fremd. Selbst viel kleinere Artgenossen bleiben unbehelligt. Ein Kampfverhalten zwischen einzelnen Fischen, wie dies bei gewissen anderen Fischarten üblich ist, fehlt gänzlich. Selbst

gegenüber artfremden Fischen, wie die wesentlich kleineren Goldfische oder Orfen und andere für Gartenteiche geeignete Fischarten, sind die Farbkarpfen sehr friedlich. Mit den Goldfischen schwimmen die Farbkarpfen sogar in der Gruppe zusammen und auf andere Arten, wie die nervöseren Orfen, wirken sie beruhigend.
Im Laufe des Karpfenlebens ist auch das Verhalten Veränderungen unterworfen. Noch junge Fische verstecken sich lieber, haben dafür ein weit spritzigeres und vorsichtigeres Verhalten. Mit den Jahren werden die Farbkarpfen immer ruhiger, es läßt sich sogar sagen: besonnener. Geradezu berühmt sind die Farbkarpfen durch ihre Zutraulichkeit zum Menschen.

Tip: **Farbkarpfen werden sehr schnell zahm und lassen sich, mit Futter gelockt, verhältnismäßig bald bereitwillig auf einen direkten Kontakt zum Menschen ein.**

Dies kann soweit gehen, daß sich die Fische berühren lassen und mit der Zeit, vielleicht sogar von Hand angehoben werden können. Letzteres ist natürlich besonders günstig, wenn die Fische umgesetzt oder auf einen möglichen Parasitenbefall untersucht werden müssen.
Damit aber eine Basis des Vertrauens zwischen Fisch und Mensch aufgebaut werden kann, gilt es einiges zu berücksichtigen. Ein friedliches Wesen und ein Hang zur Zutraulichkeit ist den Farbkarpfen „von Natur aus" gegeben.

Achtung: **Es braucht viel Geduld, bis sich ein Farbkarpfen von seinem Pfleger in die Hand nehmen läßt.**

Nur ein tägliches und längeres Zusammensein mit dem Pfleger, der behutsam versucht, seinen Fischen näherzukommen, führt zum gewünschten Erfolg. Selbstverständlich gewöhnen sich die Fische – von kleinen Futtergaben angelockt – relativ schnell an den Pfleger. Sie fressen ihm sozusagen umgehend aus der Hand. Dennoch muß der Pfleger sehr einfühlsam und umsichtig ans Werk gehen, möchte er das unbestrittene Vertrauen seiner Fische gewinnen. Durch Zwang oder Gewalteinwirkung läßt sich überhaupt nichts erreichen. Wer Farbkarpfen gegen ihren Willen herausfängt, um gewissermaßen ihren Willen zu brechen, beziehungsweise schneller das Ziel einer Gewöhnung an den Menschen zu erreichen, hat das Gegenteil bewirkt. Solche Farbkarpfen werden kaum mehr in vollem Umfang zutraulich werden. Im Gegenteil, sie werden die Nähe des Menschen sogar meiden. Nur Ruhe, viel Geduld und ein langsames, schrittweises Vorgehen führen zum Erfolg, damit sich Fisch und Mensch näherkommen. Und auch dann ist es nicht immer garantiert, daß dies bei jedem Farbkarpfen funktioniert. Einige Farbkarpfen in der Gruppe werden immer scheuer sein als andere. In diesem Zusammenhang gibt es noch etwas anderes zu beachten. Leicht könnte die Vorstellung aufkommen, je früher man den Kontakt zu den noch jungen Farbkarpfen sucht, desto schneller werden sie zahm. Dies stimmt aber nicht ganz, denn durch ihre angeborene Vorsicht im Jugendstadium ist es sehr schwer, den Fischen näher zu kommen, obwohl sie durch ihre noch geringe Körpergröße und ihrem meist ungebrochenen Appetit leicht mit Futter anzulocken und aus dem Teich herauszunehmen wären. Es wird sich jedoch lohnen, abzuwarten bis die halbwüchsigen Fische mit dem Größerwerden sich von selbst der Hand des Pflegers nähern und sich berühren lassen. Ein zu früher Druck des Menschen, mit dem Versuch seine Fische zu „zähmen", könnte sich nämlich ungünstig auswirken. Natürlich könnte man sich zurecht fragen, was all dies im Zusammenhang mit den Ausführungen zum Verhalten der Farbkarpfen zu tun hat. Das Verhalten der Farbkarpfen ist aber – wie bei keiner anderen Fischart – so stark vom Einfluß des Menschen geprägt. Denken Sie nur an die mögliche Teilnahme des Pflergers an Wettbewerben oder die Einwirkungen auf die Fische während der Überwinterung im häuslichen Umfeld. Deswegen nimmt auch der Pfleger und sein Tun eine wichtige Stellung in diesem Kapitel ein.

Das Freßverhalten

Die Futteraufnahme der Farbkarpfen steht in direktem Zusammenhang mit der Wassertemperatur. Je wärmer das Wasser ist, um so mehr Futter wird benötigt und auch verwertet. Selbst bei der Futtersuche und beim Fressen zeigen die Fische keinerlei Anzeichen von Rivalitäten. Alle Fische fressen das angebotene Futter gleichzeitig friedlich nebeneinander. Auch die kleineren und schwächeren Fische erhalten genügend Futter. Im Sommer gleichen die fast immer hungrigen Farbkarpfen beinahe „Staubsaugern", die alles gierig in sich „hineinsaugen", was ihnen angeboten wird. Natürlich haben auch Farbkarpfen so ihre Vorlieben, was das Futter betrifft. Schmeckt ihnen ein Futter nicht, dann spucken sie es wieder aus. Neben den regelmäßigen Futtergaben des Pflegers suchen die Farbkarpfen aber auch selbständig nach allerlei Freßbarem im Gartenteich. Hierfür durchstreifen sie unermüdlich den Teich. Auch in der Natur unternehmen wildlebende Karpfen große Wanderungen zur Futtersuche. Die Farbkarpfen im Gartenteich sind entweder in Gruppen oder auch alleine unterwegs, um Futter aufzuspüren. Dabei kommen sie sich kaum in die Quere. Besitzt der Gartenteich einen schlammigen Bodengrund, dann können sie auch oft beim Gründeln beobachtet werden. Mit ihren Barteln können sie hervorragend am Boden verborgene Futtertiere aufspüren. Sie nehmen beim Gründeln große Mengen an „Schlamm" in den Mund. Die Futterbestandteile werden im Mund sozusagen aussortiert und alles ungenießbare wird wieder ausgespuckt. Gelingt es einem Fisch nicht, das begehrte Stück Futter von den Verunreinigungen im Mund zu trennen, so wird der gesamte Inhalt wieder ausgespuckt und ein erneuter Anlauf zur Futteraufnahme genommen. Besteht die Möglichkeit dazu, dann bohren sich die Farbkarpfen sogar regelrecht, beinahe senkrecht stehend, in den Bodengrund hinein, um an ein begehrtes Futtertier zu gelangen. Es versteht sich wohl von selbst, daß dabei eine Menge an Partikeln aufgewirbelt und das Wasser stark getrübt wird. Dies schadet den Fischen nicht. Dennoch verzichten viele Pfleger aus hygienischen Gründen auf das Einbringen eines Bodengrunds im Gartenteich und entfernen laufend den anfallenden Schlamm. Es bleibt natürlich jedem Pfleger selbst überlassen, wie er seine Fische pflegt. Das Gründeln ist den Farbkarpfen sicher ein Bedürfnis.

Ein Ogon beim Fressen. Als Ogon bezeichnet man Fische mit metallischem Glanz. Es wird auch Hikarimono als Oberbegriff verwendet. Fische mit weißer, gelber bis oranger einheitlicher Grundfarbe. Foto: Monique Stäger

Sollte aber kein Bodengrund oder Schlamm vorzufinden sein, so können sie beim Aufnehmen des Futters auf dem Teichgrund ihrem Verhaltensmuster trotzdem Rechnung tragen.
Wie gut zu beobachten ist, nehmen sie auch ohne Probleme an der Wasseroberfläche schwimmendes Futter auf. Dabei sind die typischen Schmatzlaute zu vernehmen. Sobald die Fische ein Futterstück aufgenommen haben, sei dies nun ein Fertigfutter, eine Wasserschnekke oder sonstige im Wasser lebende Kleinstlebewesen, so wird dieses nicht einfach hinuntergeschluckt, sondern im Mund geprüft und anschließend im Schlund, unter Zuhilfenahme der Schlundzähne, zerkaut. Die Fische besitzen einen beachtlichen Kauapparat und zermalmen selbst harte Futterstücke.

Achtung: Zeitweise nehmen die Farbkarpfen auch gerne pflanzliche Kost zu sich, so daß ein Abweiden gewisser Wasserpflanzen ebenfalls zu ihrem Freßverhalten gehört.

Überhaupt ist das ganze Freßverhalten der Farbkarpfen darauf ausgerichtet, in möglichst kurzer Zeit möglichst viel Futter aufzunehmen. So sind sie, wenn sie nicht gerade ruhen, den Großteil des Tages unterwegs, um Futter aufzuspüren und zu fressen. Dies müssen sie auch, denn während den kühleren Jahreszeiten reduziert sich die Futteraufnahme auf ein Minimum oder entfällt ganz; dann zehren sie von ihren während des Sommers angereicherten Fettvorräten.

Das Fortpflanzungsverhalten

Sofern die Farbkarpfen unter günstigen Bedingungen gepflegt werden, steht auch der Fortpflanzung im Gartenteich nichts im Wege. Siehe hierzu auch die Ausführungen unter dem Kapitel über die Zucht von Farbkarpfen.
Während des Monats Mai laichen die Farbkarpfen ab. Dabei warten die Männchen meist schon einige Zeit vorher im flachen Wasser auf die laichwilligen Weibchen. Unruhig hin- und herschwimmend scheinen sie alle Vorsicht zu vergessen. Meist in den Morgenstunden, wenn auch eine Paarung erfolgt, sind die Männchen besonders aktiv und schwimmen aufgeregt umher. Sie spritzen Wasser aus dem Teich, geraten mit ihren Körpern über die Wasseroberfläche indem sie sich gegenseitig treiben und einander schubsen und anheben, ohne sich aber gegenseitig Schaden zuzufügen.
Sobald die Weibchen laichwillig sind, gesellen auch sie sich zu den Männchen in die Flachwasserzone. Und dann beginnt ein wildes Treiben, das kaum zu überschauen ist. Kaum kommt ein Weibchen näher, wird es von den Männchen

Tancho: *Als Tancho werden alle Farbvarianten bezeichnet, die einen kreisrunden Fleck aus einer der Grundfarben auf dem Kopf tragen. Diese Variante gehört gerade in Japan zu den begehrtesten Farbkarpfen, da diese Zeichnung den Nationalfarben ähnelt.*
Foto: Aqualife

Kujaka: Farbkarpfen mit metallischem Glanz und silbrig weißer Grundfarbe. Die Schuppen verfügen über ein schwarzes, tannenzapfenartiges Muster. Die Farbflecken können orange bis tiefrot sein. Foto: Aqualife

eifrig eingekreist. Beim Umschwimmen kommen die Männchen dem Weibchen schnell näher und treiben es zum Ufer. Jedes der Männchen versucht dem Weibchen am nächsten zu kommen. Dabei entsteht ein Gewimmel von Fischkörpern, wobei die Fische bis in seichtes Wasser von nur wenigen Zentimetern Tiefe gelangen. Ihre Körper schauen aus dem Wasser und manchmal scheinen sie sich gegenseitig aus dem Wasser drängen zu wollen. Die Männchen sind, wenn überhaupt möglich, im Zustand höchster Erregung am wiederholten Aufrichten und Zusammenklappen der Rückenflossen zu erkennen. Fortwährend reiben sich die Leiber der Männchen am prall mit Laich gefüllten Körper des Weibchens. Ebenfalls stupsen sie unentwegt mit den Köpfen in die Bauchgegend des Weibchens, um es zur Laichabgabe zu bewegen. Im geradezu schäumenden Wasser und von kräftigen Flossenschlägen begleitet, geben nun die Fische ihre Geschlechtsprodukte ins freie Wasser ab. Der herausspritzende Laich wird nun umgehend von den gleichzeitig abgegebenen Spermawolken der Männchen befruchtet. Kaum ins Wasser ausgeschieden, wird der Laich klebrig und haftet am Teichrand oder an Pflanzenstengeln, beziehungsweise an den Halmen der vom Pfleger vorausschauend angelegten – als Überschwemmungszone ausgebildeten – Graszone. Bei erfolgreicher Befruchtung entwickelt sich der Laich in Form von durchsichtigen Eiern weiter. Bleibt die Befruchtung aus, dann sterben die Eier sehr schnell ab, werden weißlich trübe und zerspringen mit der Zeit. Dies läßt nun auch erkennen, warum die Fortpflanzung in einer Flachwasserzone stattfinden muß, um einen möglichst zügigen Befruchtungsablauf zu erzielen. Je nachdem, ob noch weitere laichreife Weibchen im Teich vorhanden sind, kann sich der eben geschilderte Vorgang wiederholen, ansonsten tritt nach einiger Zeit wieder die gewohnte Ruhe im Teich ein und die wild gewordenen Farbkarpfen erhalten ihre viel bewunderte majestätische Gelassenheit bald wieder zurück.

Störungen von außen und ihre Einwirkungen auf das Verhalten

Es erstaunt wenig, daß gerade in Japan, aufgrund der ganzheitlichen Betrachtungsweise Fragen gestellt werden, wie eine harmonische Umgebung für die Farbkarpfen auszusehen hat und unter welchen ungünstigen Einwirkungen eine Disharmonie für die Fische entstehen könnte. Zugegebenermaßen ist dies für manchen Europäer und Amerikaner nicht ganz leicht nachzuvollziehen; dennoch ist es interessant, einige Teilbereiche solcher Überlegungen zumindest in Kürze anzusprechen.

Das Leben unter Wasser ist ebenso von Geräuschen, Lauten und besonders auch von Schwingungen begleitet. Die Farbkarpfen besitzen sehr empfindliche Sinnesorgane, um sich in der Geräuschwelt zurecht zu finden. Es wird ihnen sicher zurecht nachgesagt, daß sie mit der Zeit lernen können, die Schritte des sich am Teich nähernden Pflegers zu erkennen. Selbst ein starkes in die Hände Klatschen des Pflegers können sie unter Wasser hören und damit gewisse Situationen in Verbindung bringen, wie zum Beispiel die somit angekündigte Fütterungszeit.

Nun ist es so, daß auch in vielen natürlichen Gewässern – in denen Wildkarpfen leben – ein mehr oder weniger konstanter Lärmpegel existiert. Ein Rauschen, das Gurgeln von Blasen oder klatschende Geräusche von sich bewegendem Wasser gehört dazu. In größeren Gewässern können Lärmeinwirkungen von Motorboten und anderen Einflüssen hinzukommen. Wobei manche Geräusche von den

Fischen nur in einer gewissen Bandbreite der Tonfrequenzen wahrgenommen werden können. Ein dahinbrausendes, schnelles Motorboot wirkt sich für die Fischwelt weit weniger negativ aus, als angenommen werden könnte. Trotzdem können Fische und insbesondere, die im Gartenteich lebenden Farbkarpfen von Geräuschen oder in Leitungssystemen erzeugte Schwingungen gestört, beziehungsweise in ihrem Wohlbefinden beeinträchtigt werden. Besonders die Pumpengeräusche könnten unter gewissen Bedingungen unangenehme Geräusche und Vibrationen erzeugen. Doch damit noch nicht genug. Weiterhin könnten durch das Filtersystem erzeugte zu starke Strömungsverhältnisse im Garten teich nachteilige Folgen haben. Gänzlich ungeeignet scheinen in diesem Zusammenhang auch in Ufernähe installierte Springbrunnen oder Fontänen zu sein, die inmitten des Teichs emporschießen und durch ihre zeitlich begrenzte Inbetriebnahme große Unruhe unter den Farbkarpfen hervorrufen.

Zugegebenermaßen werden mit diesen Aussagen auch viele Aspekte in der Pflege von Farbkarpfen angesprochen, die nicht unbedingt auf einer wissenschaftlichen Grundlage basieren. Trotzdem sagt wohl der gesunde Menschenverstand bei genaueren Überlegungen, daß Lärmeinflüsse und starke Vibrationen für die Fische sicher keine positiven Wirkungen haben können. Im Übrigen ist der Einfluß von Geräuschen auf eine ungehinderte Kommunikation bei Walen durchaus erforscht und man konnte eine Beeinträchtigung dieser Säugetiere durch den Lärm im Wasser nachweisen. Natürlich können Wale und Farbkarpfen nicht unbedingt miteinander verglichen werden, dennoch gilt es zu bedenken, daß das Wasser ein überaus guter „Leiter" von Schallwellen und Vibrationen ist und ebenso das Orientierungsvermögen der Farbkarpfen beeinträchtigen könnte.

Auf der Suche nach Antworten auf solche und ähnliche Fragen wird der Pfleger auf wenig Hilfe hoffen können. Bestimmt lohnt es sich jedoch, eine möglichst lärm- und vibrationsfreie Pumpe anzuschaffen oder das Filtersystem so zu plazieren, daß zwischen Teich und Motorenlärm genügend Raum bleibt, um den Geräuschpegel für die Fische möglichst tief zu halten. In erster Linie sollen aber diese Ausführungen dazu dienen, den Pfleger für solche Themenkreise zu sensibilisieren, um gegebenenfalls ein auftretendes Problem in dieser Hinsicht erkennen zu können.

Natürlich können noch allerlei andere Gründe zu Störungen beim Verhalten führen und insbesondere den Gesundheitszustand von Farbkarpfen beeinträchtigen. Zum Schluß dieses Abschnitts seien nur noch die Einwirkungen von Gartenarbeiten in der unmittelbaren Umgebung des Teichs und ihre Einflüsse kurz angesprochen.

Achtung: Es versteht sich wohl von selbst, daß im Garten verwendete Spritzmittel nicht in der Nähe des Gartenteichs versprüht werden dürfen.

Die Fische sollten immer an derselben Stelle gefüttert werden. Da sie gut horen, können sie auch durch Zurufen an die Futterstelle gelockt werden. Foto: bede-Verlag

*Die stets hungrigen Farbkarpfen sollten regelmäßig aber auch nicht übermäßig gefüttert werden.
Foto: Beatrice Oesch*

auch Einfluß auf die Vitalität und die Farbenpracht der Fische. Eine ausgewogene Futterpalette wirkt bestimmt günstig auf die Gesundhaltung. Desweiteren sind die Farbkarpfen in der Lage, gewisse Farbstoffe in sich aufzunehmen, die zu einer Intensivierung der Farbenpracht führen können, was sich insbesondere auf die Rotanteile der Körperfärbung auswirkt. Sogenannte farbverstärkende Futtersorten dürfen jedoch nur in Kombination mit anderen Futtersorten verabreicht und niemals als Hauptfutter verwendet werden. Darüberhinaus sollten diese Futtersorten nur während den warmen Sommermonaten angeboten werden. Die Resultate sind dann erst im Herbst zu erkennen, wenn die Farbkarpfen ohnehin am schönsten sind. Während des Frühlings benötigen die Farbkarpfen besonders leichtverdauliches Futter, wobei auch den Balaststoffen eine wichtige Rolle zukommt.

Selbst wenn nur geringste Giftstoffenmengen durch den Wind ins Wasser gelangen und den Fischen zwar keinen unmittelbaren Schaden für „Leib und Leben" zufügen, so können dennoch kleinste Mengen der Gifte zu einer Schwächung des Immunsystems führen und das spätere Auftreten von Krankheiten begünstigen. Ähnliche Auswirkungen könnten Schadstoffe haben, die durch die Luft oder den Regen ins Wasser geraten können – so ist zum Beispiel Dachwasser, welches in den Gartenteich geleitet wird, nicht uneingeschränkt zu verwenden. Besonders in der ersten Stunde starker Niederschläge ist das Dachwasser vom angesammelten Schmutz auf den Ziegeln stark mit Schadstoffen belastet. Bei der Gestaltung der Umgebung des Gartenteichs ist weiterhin darauf zu achten, daß nicht etwa bei abschüssigem, höher liegendem Terrain zum Gartenteich hin, während starken Regenfällen größere Mengen an Regenwasser in den Gartenteich gelangen können. Nebst einem Humuseintrag, der die Wasserqualität beeinträchtigt, führen so auch der Erde zugeführte und eingeschwemmte Düngemittel zu negativen Einflüssen auf das Teichwasser und die Farbkarpfen.

Futter für die Farbkarpfen

Dem geeigneten Futter für Farbkarpfen kommt eine zentrale Rolle zu. Das Futter dient nicht nur der Sättigung, sondern nimmt in erster Linie

Tip: Natürlich müssen alle Futtersorten hygienisch einwandfrei und frisch sein.

Verschimmeltes oder sonstwie vergammeltes Futter darf den Farbkarpfen nicht verabreicht werden. So ist auch bei industriell gefertigtem Futter aus der Dose oder der Tüte auf das Verfalldatum zu achten. Besonders die Vitamine im Futter besitzen nur eine begrenzte Haltbarkeit. Zudem ist es empfehlenswert, das Futter der Farbkarpfen zusätzlich zu vitaminisieren. Hierfür können durchaus Multivitamin-Präparate aus der Apotheke in geeigneter Menge verabreicht werden. Durch regelmäßige Vitamingaben erhöht sich die Widerstandskraft gegenüber Krankheiten und unterstützt auch den Heilungsprozeß bei Erkrankungen.
Unter dem riesigen Angebot an geeigneten Futtermitteln für Farbkarpfen gibt es wertvollere und weniger wertvolle Produkte. Beispiels-

weise getrocknete Futtersorten wie Bachflohkrebse (nicht zu verwechseln mit hochwertigen gefriergetrockneten Futtersorten) oder exotische Sorten wie Seidenraupenpuppen haben nur einen begrenzten Ernährungswert und sollten nur gelegentlich, bei einer Wassertemperatur von über 20 °C, verfüttert werden. Hingegen haben Frischprodukte viele Vorteile, die viel zu wenig Beachtung finden. Nachfolgend wird auf mögliche Frischprodukte hingewiesen, die zur Ernährung von Farbkarpfen dienen können. Was aber auch immer gefüttert wird, stets ist auf eine möglichst große Abwechslung zu achten. Darüberhinaus eignen sich nicht alle Futtersorten gleichermaßen für jede Jahreszeit, was anschließend ebenfalls behandelt wird.

Das Vorgehen beim Füttern

Zum Füttern der Farbkarpfen muß der Pfleger sich Zeit nehmen. Es ist nicht damit getan, eine gehörige Portion Futter ins Wasser zu werfen und sich daraufhin nicht mehr um die Futteraufnahme der Fische zu kümmern. Günstiger wäre es, aus der Fütterung sozusagen ein Ritual zu machen. Dazu könnte zum Beispiel das Heranlocken der Farbkarpfen mit kleinen Futtergaben gehören. Sobald sich alle Fische um den Futterplatz versammelt haben, kann nun das eigentliche Füttern der Fische beginnen.

Achtung: Es darf pro Fütterung nur soviel Futter ausgestreut werden, wie die Farbkarpfen auch aufnehmen können.

Selbst wenn zu einem späteren Zeitpunkt das liegengebliebene Futter doch noch gefressen wird, zerfällt ein Großteil der Nahrungsbestandteile und kann von den Fischen nicht mehr aufgenommen werden. Dies kann wiederum zu einer massiven Verschlechterung der Wassergüte führen. Das „Fütterungsritual" kann natürlich beliebig erweitert werden. Warum sollte man es beispielsweise nicht gleichzeitig versuchen, mit den Fischen in näheren Kontakt zu kommen, während sie mit Fressen beschäftigt sind? Mit einem mit Leckerbissen gefüllten Schälchen könnte es sich der Pfleger am Teichrand bequem machen und diese seinen Fischen gezielt anbieten. Lockrufe oder ein beruhigendes Gespräch ist natürlich auch erlaubt, denn die Fische sind durchaus in der Lage, daran ihren Pfleger zusätzlich zu erkennen. Einzeln angebotene Leckerbissen fressen die Farbkarpfen mit der Zeit auch aus der Hand des Pflegers. Ein gleichzeitiges, behutsames Streicheln der versammelten Fische unterstützt sicher die Beziehung von Mensch und Fisch und erlaubt es dem Pfleger, seine Fische dadurch auch auf ihren Gesundheitszustand zu überprüfen.

Hinweis: Die Menge und Art der Futtergaben richten sich auch nach den Jahreszeiten und dem Alter der Fische.

Im Frühling, wenn die Fische langsam aktiver werden und sich die Wassertemperatur auf etwa 8 °C erhöht hat, benötigen sie das „erste" Futter. Allerdings arbeitet der Verdauungsvorgang bei den kühlen Temperaturen noch nicht optimal. Das Futter sollte in der Hauptsache aus weizenkeimhaltigen Produkten, gekochtem Reis oder Maiskörnern bestehen. Dies unterstützt die Verdauung und führt den abgemagerten Fischen wichtige Kohlenhydrate zu. Während dieser Phase nehmen sie meist auch nur geringe Futtermengen auf. Mit steigender Wassertemperatur – ab etwa 10 °C oder wärmer – können die Futtergaben intensiviert werden. Dann ist auch eine mehrmalige Fütterung pro Tag in kleineren Mengen möglich. Als Hauptfutter dient nun ein handelsübliches Futter für die Farbkarpfen, welches nach und nach mit allerlei Leckerbissen ergänzt werden darf. Erst aber, wenn die Wassertemperatur über 15 °C angestiegen ist, darf der Pfleger dazu übergehen, sogenannte farbverstärkende Futtersorten anzubieten. Wiederum dem Herbst entgegen, bei fallenden Wassertemperaturen, bei etwa 12 °C, nimmt auch die Freßlust der Farbkarpfen ab und ihr Stoffwechsel beginnt sich zu reduzieren. Um den Fischen kurz vor

Tancho Showa:
Dies ist ein normal gefärbter Showa mit einem kreisrunden, roten Fleck auf dem Kopf und schwarzen Flecken am Körper.
Foto: Aqualife

der Überwinterung sozusagen noch eine letzte Möglichkeit zu bieten, sich ein zusätzliches Fettpolster anzufressen, können nun, wie im Frühling, weizenkeimhaltige Futtersorten oder gekochter Reis angeboten werden. Mit der Zeit stellen die Farbkarpfen die Futteraufnahme fast vollständig ein. Fällt die Wassertemperatur unter 8 °C, so ist die Fütterung ganz einzustellen. Während des Winters fressen sie kaum noch, so daß die Futtergaben bis zum nächsten Frühling einzustellen sind. Eine ausreichende Fütterung während der Sommermonate ließ die Fische eine Menge Fett ansetzen, was sie während der Überwinterung ausreichend mit Energie versorgt.

Futter für Jungfische

Zum speziellen Futter für Jungfische gibt es nur relativ wenig zu sagen. Trotzdem gilt es einige Punkte besonders zu berücksichtigen. Im Prinzip können die Jungfische bis etwa zum zweiten Lebensjahr mit denselben Futtersorten versorgt werden, wie erwachsene Fische. So kommen verschiedene industriell gefertigte Futtersorten in Betracht, die aber nur geringe Eiweißanteile, das heißt Proteine, aufweisen dürfen. Uneingeschränkt können pflanzliche Nahrungsbestandteile angeboten werden, die mit Insekten und deren Larven ergänzt werden können. Diese Vorsichtsmaßnahme schützt die Jungfische vor Verstopfungen, an denen sie unter Umständen sterben könnten. Während der Sommermonate hingegen, wenn die Verdauung auch bei den Jungfischen gut funktioniert, gelten auch für sie keine Einschränkungen und es dürfen auch proteinhaltige Futtersorten für ein gesundes Wachstum zur Anwendung kommen.

Tip: Die Jungfische müssen auf jeden Fall – mehrmals am Tage – reichlich gefüttert werden, um ihnen eine gute Ausgangsposition für ein schnelles Wachstum zu schaffen.

Abwechslungsreiche Futtergaben und eine zusätzliche Versorgung mit Vitaminen unter-

stützen dabei zusätzlich ein gesundes Wachstum und verhindern ein Auftreten von Mangelerscheinungen, welche sich im Wachstum, aber später auch im Skelettbau bemerkbar machen können.

Futter für erwachsene Fische

Eine ausgewogene Fütterung ist auch bei erwachsenen Farbkarpfen wichtig. Schließlich soll ja auch die Farbenpracht durch die Ernährung unterstützt werden. Die meisten der handelsüblichen, oft granulatförmigen Futtersorten eignen sich hervorragend als Hauptfutter. Einige solcher Futtermittel sind jedoch lediglich als Zusatzfutter gedacht. Wobei diese entsprechend eingesetzt, sicher beste Voraussetzungen für eine ausgewogene Ernährung besitzen. Selbstverständlich kann der Pfleger seinen Fischen auch Produkte verschiedener Futtermittelhersteller anbieten, um herauszufinden, welche der Futtersorten lieber gefressen werden. Manchmal entwickeln einzelne Farbkarpfen auch verschiedene Vorlieben für bestimmte Produkte, so daß vom Pfleger auch selbst zusammengestellte Futterkombinationen angeboten werden können.

Vielleicht mag so mancher Pfleger seine eigenen Ansichten über eine ausgewogene Fütterung haben.

Achtung: Sicher können nur Frischprodukte eine optimale Ernährung gewährleisten.

Als Frischfutter bieten sich eine Unmenge an Möglichkeiten an, welche die täglichen Futtergaben unbedingt bereichern sollten. Auch ist es denkbar, die Farbkarpfen zwischendurch ausschließlich mit Frischprodukten zu versorgen. Neben den bereits erwähnten, gekochten Reis- oder Maiskörnern kann gelegentlich auch Vollkornbrot gefüttert werden. Es ist sogar erlaubt, hin und wieder ein Brötchen als Leckerbissen anzubieten. Allerdings dürfen alle diese kohlenhydratreichen Nahrungsmittel niemals als Alleinfutter dienen. Wie alle anderen Fischarten, können auch die Farbkarpfen innerhalb kürzester Zeit gewaltige Mengen an Fett ansetzen. Und obwohl die Farbkarpfen im Vergleich zu anderen Fischarten einen höheren Toleranzwert bezüglich nachteiliger Einwirkungen bei einer Organverfettung aufzuweisen scheinen, ist dies sehr trügerisch. Besonders die Leber kann dadurch stark geschädigt werden. Zudem wirkt eine Organverfettung auch negativ auf die Fruchtbarkeit. Gerade, wenn die Fische im Hause überwintert und demzufolge mit Futter versorgt werden, ist darauf zu achten, daß sie nicht übermäßig Fett ansetzen. Als Todesursache Nummer eins bei Aquarien- und Teichfischen gilt immer noch die Organverfettung. Dieser kann jedoch mit entsprechenden Futtersorten bestens entgegengewirkt werden. Dafür kommen eine Vielzahl an pflanzlichen Nahrungsmitteln infrage. Salat, Spinat, Chinakohl und anderes kann täglich angeboten werden. Selbst kleingeschnittene Möhren oder Früchte, wie Birnen oder Apfelstückchen werden gerne gefressen und können die industriell gefertigten Futtersorten bestens ergänzen. Als Leckerbissen können gelegentlich auch Garnelen, Muschel- oder Fischfleisch die Nahrungspalette erweitern. Geeignet sind auch tiefgefrorene Futtermittel, wie beispielsweise Insektenlarven und Krill. Sie sind jedoch stets nur im völlig aufgetauten Zustand den Fischen zu verfüttern. Allerdings dürfen die tierischen Nahrungsmittel nicht in allzu großen Mengen und nur in Kombination mit ausreichender pflanzlicher Kost verfüttert werden, um bei den Farbkarpfen keine Verstopfungen hervorzurufen.

Tip: Zum Verfüttern von tierischen Nahrungsbestandteilen ist auch festzuhalten, daß diese lediglich bei warmen Wassertemperaturen angeboten werden durfen, damit sie optimal verdaut werden können.

Gelegentlich können die Farbkarpfen auch weniger häufig gefüttert werden. Gerade im Sommer finden sie allerlei Wasserinsekten, wie Rote Mükkenlarven und anderes mehr, die sie mit Vorliebe fressen. Auch Algen und vor allem Wasserpflanzen fressen sie gerne, wenn kein ande res Futter vorhanden ist. Auch schadet es gar nichts, einmal pro Woche einen Fastentag einzulegen. Selbst ein zweiwöchiger Urlaub des Pflegers, bei dem die Fütterung entfällt, schadet den Fischen nicht. Im Gegenteil, ein maßvolles Füttern erwachsener Farbkarpfen erhöht ihre Vitalität und wirkt sich positiv auf die Gesundheit aus. Die Fische dürfen im Herbst nicht übermäßig Fett angesetzt haben, aber auch nicht zu mager sein, um den Winter gut überstehen zu können.

Die Zucht von Farbkarpfen

Die meisten Zuchterfolge bei Farbkarpfen im Gartenteich sind wohl als Zufallszuchten zu bezeichnen. Wahrscheinlich wird sich kaum ein privater Züchter mit einer gezielten Zucht von Farbkarpfen auseinandersetzen, da dafür die Platzverhältnisse fehlen. Deswegen beschränken sich die Ausführungen zur Zucht lediglich auf jene Aspekte, die für die Pflege von Farbkarpfen und einer möglichen Vermehrung im Gartenteich von Nutzen sind. Daß sich die Farbkarpfen im Gartenteich fortpflanzen, ist – auch wenn daraus keine „Qualitäts-Farbkarpfen" zu erwarten sind – durchaus ein anzustrebendes Ziel für den Pfleger. Zum einen ist es überaus interessant, dem Paarungstreiben der Fische zuzuschauen. Zum anderen ist es ein wunderbares Erlebnis, die Jungkarpfen heranwachsen zu sehen. Und zugleich bietet eine kleine selbstbetriebene Farbkarpfenzucht erst noch die Möglichkeit, viel Neues über die Fische hinzuzulernen.

Die Zuchtvoraussetzungen

Um das Wichtigste gleich vorwegzunehmen; damit eine versuchte Fortpflanzung der Farbkarpfen erfolgreich verlaufen kann, muß die Wasserqualität entsprechend gut sein. Das Wasser sollte eine mittlere Härte aufweisen und einen pH-Wert von 7,2 bis 7,5 besitzen. Die Wassergüte muß ebenfalls von bester Qualität sein. Das heißt das Teichwasser darf keine hohe organische Belastung aufweisen.

Achtung: Sauberes und klares – wie auch sauerstoffreiches – Wasser sind für die Entwicklung des Fischlaichs und das Schlüpfen der Larven und das Heranwachsen der kleinen Fischchen unabdingbar.

Zugleich muß die Wassertemperatur eine gewisse Höhe aufweisen, damit die Farbkarpfen zur Fortpflanzung schreiten. Erst wenn die Tem-

Das Züchten von Farbkarpfen, wie dies in Zuchtbetrieben der Fall ist, ist in einer privaten Teichanlage kaum möglich. Foto: bede-Verlag

peratur zwischen 19 und 21 °C liegt, geraten die Fische in Fortpflanzungsstimmung. Im eher eng bemessenen Lebensraum eines durchschnittlichen Gartenteichs kann es natürlich auch vorkommen, daß die Männchen die prall mit Eiern gefüllten Weibchen schon Tage vor einem möglichen Ablaichen bereits vor sich her treiben. Dies ist jedoch nicht weiter

Das Aussortieren der Farbkarpfen in einem japanischen Zuchtbetrieb verlangt nach viel Konzentration und einem entsprechenden Fachwissen des Züchters. Foto: bede-Verlag

schlimm und braucht den Pfleger nicht zu beunruhigen, ist dies doch sozusagen als ein Vorspiel zur Paarung zu betrachten.

Hinweis: Eine Fortpflanzung der Farbkarpfen ist erst nach einem gewissen Alter möglich.

Die Männchen werden mit etwa drei Jahren geschlechtsreif, die Weibchen dagegen erst im vierten Lebensjahr. Ein Weibchen kann rund 200 000 Eier pro kg Körpergewicht hervorbringen. Allerdings ist dies eine Größenordnung, die nicht immer zutreffen muß. Gerade bei noch eher jüngeren Weibchen kann die Anzahl der Eier auch geringer ausfallen. Wenn aus etwa 5 bis 10 % der produzierten Eier auch tatsächlich Jungfische schlüpfen, darf dies bereits als sehr gutes Ergebnis bezeichnet werden. Auch bei sehr guten Wasserverhältnissen ist es aber immer noch möglich, daß die Brut Schaden nimmt und sich der Pfleger bis zum nächsten Jahr gedulden muß, bis die Fische erneut in Fortpflanzungsstimmung geraten.

Gefahren für die Brut gibt es genug. Zum Beispiel Kälteeinbrüche, gefräßige Insektenlarven, aber auch die eigenen Eltern können sich am Laich und den Fischlarven, beziehungsweise Jungfischen, gütlich tun und den Bestand einer erfolgreichen Vermehrung drastisch dezimieren. Am Schluß bleiben vielleicht gerade noch wenige Jungfische übrig. Und dies auch nur, wenn sie im Farbkarpfenteich ausreichend Schutz zwischen den Pflanzenbeständen finden können. Weil aber die Selektion einer ganzen Brut ohnehin die Möglichkeiten eines privaten Züchters bei weitem überschreiten würde – man stelle sich nur einmal vor, mehrere hunderttausend Jungfische großzuziehen, um dabei lediglich zehn Farbkarpfen von Topqualität zu erhalten – ist der Verlust eines Großteils der Brut auch nicht sehr schlimm. Meist sehen zwar die Nachkommen, die übriggeblieben sind, nicht besonders attraktiv aus, ist doch ihre Farbgebung eher unscheinbar. Trotzdem kann sich der Farbkarpfenzüchter über den Erfolg freuen.

Eines ist aber für die Eiablage der Elternfische unbedingt nötig, sie benötigen dafür einen Uferbereich des Teichs, der zumindest an einer Stelle sehr flach auslaufend angelegt ist.

Achtung: In der Natur laichen die Karpfen in Überschwemmungszonen ab.

Die klebrigen Eier bleiben dann an den Grashalmen kleben, bis die Larven nach etwa drei bis sieben Tagen, je nach Wassertemperatur, schlüpfen. In den ersten zwei Lebenstagen sind die Fischlarven noch schwimmunfähig und ernähren sich von ihrem Dottersack. Danach schwimmen sie stets zwischen den Pflanzenbeständen Schutz suchend auch ins tiefere Wasser und beginnen gleich mit der Nahrungsaufnahme. Solche Zuchtbedingungen können in einem Gartenteich natürlich nur mit sehr großem Aufwand geschaffen werden. Ein Zuchtteich muß eine beachtliche Größe aufweisen. Idealerweise müßte eine an den Teich angrenzende, langsam ansteigende Grasfläche so angelegt sein, daß sie im Frühling unter Wasser gesetzt werden kann. Wohl kaum ein Pfleger wird dazu bereit sein, durch dermaßen einschneidende bauliche Maßnahmen die Schönheit seiner Gartenanlage zu beeinträchtigen. Dies ist aber auch gar nicht nötig. Selbst auf einer festen, flach auslaufenden Unterlage eines Betonteichs werden die Farbkarpfen zur Fortpflanzung schreiten. Auch wenn kein Laichsubstrat in Form von Grashalmen vorhanden ist, werden einige Eier Jungfische hervorbringen.

Tip: Es besteht die Möglichkeit, frische Tannenzweige auf dem Boden der Flachwasserzone auszulegen.

An diesen können dann weit mehr Eier haften bleiben. Es eignen sich besonders große Zweige von Nadelholzarten, die weiche Nadeln besitzen, um den Fischen mögliche Verletzungen zu ersparen. Zudem müssen die Zweige mit einer bis zum Teichrand verlaufenden Schnur gesichert werden, damit sie von den ungestümen Farbkarpfen nicht ins tiefere Wasser geschubst werden. Ein großer Vorteil dieser Methode ist, daß die Tannenzweige mit den daran haftenden Eiern in einen separaten Teil des Teichs umgesiedelt werden können, was so der Brut eine ungestörte Entwicklung garantiert. Eine weitere Möglichkeit wäre es, die Tannenzweige an Ort und Stelle zu belassen und die Flachwasserzone mittels eines feinen Netzes vom Rest des Teichs abzugrenzen.

Auf Wunsch kann ein ausgewiesener Fachhändler auch ein Zuchtpaar aus Japan importieren. Dies ist jedoch mit sehr hohen Kosten verbunden und wird für einen Gartenteichbesitzer wohl kaum infrage kommen. Foto: Peter Boehrer

Auswahl der Zuchtfische

Als Neueinsteiger in die Pflege von Farbkarpfen kann man sich zu Recht fragen, wie es möglich ist, ebenso schöne Nachkommen wie die Elternfische zu erhalten. Durch ein gezieltes Zusammenführen der richtigen Fische müßte dies ja zu erreichen sein. Eine Auswahl der Zuchtfische, wie man sie von gewerbsmäßigen Fischzüchtereien her kennt, kann in einem Gartenteich wohl kaum durchgeführt werden. Oft schwimmen ja sehr verschieden gefärbte Farbkarpfen darin. Um unter den Nachkommen jedoch einige Farbkarpfen mit zufriedenstellenden Merkmalen ihrer Eltern zu erhalten, müßten beide Elternteile dieselben Farbmerkmale aufweisen. Ansonsten erhält man allerhöchstens zufällig interessant gefärbte Fische. Weiterhin wäre es vorteilhaft, daß die Zuchtfische miteinander verwandt wären. Dies, weil man nicht erkennen kann, welche wünschenswerten genetisch verankerten Farbmerkmale die Fische sonst noch in sich tragen. Bei Geschwistern ist die Möglichkeit gleichgefärbte Jungfische zu erhalten viel größer. All jenen Pflegern, die einen gezielten Züchtungsversuch unternehmen möchten, bleibt nur die Möglichkeit, ausschließlich Fische einer einzigen Rasse zu pflegen. Ob jedoch der Aufwand eines Zuchtversuchs und der Verzicht auf die Pflege anderer schön gefärbter Rassen, für die kleine Chance, einen oder zwei den Elterntieren ähnliche Jungfische zu erhalten, Sinn macht, bleibt dahingestellt. Um Enttäuschungen auszuschließen, kann eine gezielte Nachzucht von Farbkarpfen nicht empfohlen werden. Wer es trotzdem versuchen möchte, dem sei an dieser Stelle viel Geduld und Glück gewünscht.

Anmerkung: Es besteht auch die Möglichkeit, die geeigneten Zuchtpaare über einen Händler aus Japan importieren zu lassen.

Selektion der Jungfische

Wie bereits angesprochen, finden sich unter hunderttausenden von Jungfischen vielleicht zehn Farbkarpfen mit einer „makellosen" Körperfärbung. Um aus der Selektion so vieler Fische jeweils nur jene mit den besten farblichen Voraussetzungen zu erkennen, bedarf es einer enormen Kenntnis und Erfahrung. In Japan werden diese von Generation zu Generation weitergegeben. Aus wirtschaftlichen Gründen lohnt es sich für die gewerbsmäßigen Züchtereien nicht, alle Fische aufzuziehen, deshalb werden sie regelmäßig aussortiert und nur die Jungfische mit den besten Rassemerkmalen werden weiter großgezogen. Auch dieses Vorgehen macht für den privaten Hobbyzüchter wenig Sinn. Selbst wenn hunderte von Jungfischen aufzuziehen sind, lohnt es sich, nur jene Fische auszusortieren, die gar keine bunten Farben, sondern über eine bräunliche, wildfischähnliche Farbgebung verfügen. Bei allen anderen Fischen lohnt es sich, sie weiterzupflegen. Damit die Jungfische schnell wachsen und keine großen Verluste entstehen, müssen sie während des Winters im Hause, zum Beispiel in Aquarien überwintert werden. Bei einer wachstumsunterstützenden Wassertemperatur über 20 °C und guter Fütterung werden auch unter diesen Fischen im nächsten Jahr vielleicht mehrere hübsche Exemplare zu finden sein. Ob sich allerdings darunter ein wirklich schöner Fisch befindet, wird sich erst in mehreren Jahren entscheiden, denn bis dahin ist es immer wieder möglich, daß einige Fische ihre anfänglich vielversprechende Farbgebung plötzlich verändern oder sogar verlieren.

In diesem Zusammenhang sollen noch einige Ausführungen über die überzähligen Fische den Abschluß dieses Themenkreises bilden. In Japan werden die aussortierten Fische getötet und zu Futtermitteln verarbeitet. So mancher Pfleger wird wohl kaum seine liebevoll gepflegten Jungfische umbringen wollen, nur um Platz für die stetig heranwachsende Jungfischschar zu schaffen. Was bleibt da zu tun, wird sich mancher fragen? Zum Beispiel könnten sie der menschlichen Ernährung dienen. Aber auch dies ist nicht jedermanns Sache. Bestimmt gehören jedoch überzählige Jungfische nicht in natürliche Gewässer ausgesetzt. Dort werden sie nämlich unter Umständen die einheimische Fischwelt stark gefährden oder zumindest beeinträchtigen. Selbst wenn in einem natürlichen Gewässer bereits wildlebende Karpfen vorkommen, dürfen keine Nachkommen von Farbkarpfen ausgesetzt werden!

Hinweis: Jeder private Züchter darf nur so viele Jungfische aufziehen, welche er selbst unterzubringen in der Lage ist.

Den großen Rest der Eier beziehungsweise Larven beläßt er lieber im Gartenteich und überläßt sie ihrer „natürlichen" Bestimmung.

Krankheiten bei Farbkarpfen

Ginrin Cha Goi: Cha heißt braun. Bei dieser Variante ist der ganze Körper einheitlich gelblich-braun gefärbt.
Foto: Aqualife

Vorbeugen ist besser als heilen. Dies ist ein altes Sprichwort, das allgemein bekannt ist. Trotzdem können immer wieder Krankheiten auftreten. Die Ursachen für eine Krankheit könnten schon vor einem Kauf in den Herkunftsbetrieben zu suchen sein. Eine unzureichende hygienische Aufzucht oder schlechte Transportbedingungen können sich auch erst später bemerkbar machen. Gerade bei den Händlern besteht eine höhere Ansteckungsgefahr. Vor allem dann, wenn die Farbkarpfen mit bereits erkrankten Fischbeständen in Kontakt kommen. Sicherheit bietet hier nur eine mehrwöchige Quarantäne, um sicherzugehen, daß keine Krankheitserreger in den Gartenteich eingeschleppt werden. In diesem Zusammenhang dürfen auch keine Medikamente – im speziellen Antibiotika – Verwendung finden. Gegebenenfalls werden nämlich die Krankheitsverläufe lediglich verlangsamt und ein neu hinzugekaufter und eingesetzter Fisch wäre immer noch in der Lage, die bereits im Teich vorhandenen Artgenossen anzustecken.

Selbsverständlich kann auch ein gesunder Fischbestand plötzlich erkranken. Krankheitskeime können durch andere Pfleger von Farbkarpfen, die auf Besuch sind, übertragen werden. Insbesondere dann, wenn diese mit den Fischen in Berührung kommen oder mitgebrachte Gerätschaften einsetzen.

Schlecht gewartete Teichanlagen und eine unzureichende Hygiene bei den Filtersystemen, deren Leitungssysteme miteingerechnet, fördern ebenfalls Krankheitsausbrüche. Die regelmäßig durchgeführten hygienischen Maßnahmen, wie Filter- und Teichreinigung bieten daher beste Voraussetzungen, um Krankheiten zu vermeiden. Krankheiten können ebenfalls durch andere Tiere übertragen oder verursacht werden. Katzen, Wasservögel aber auch fliegende Wasserinsekten können fischschädigende Krankheitskeime mitführen. Sollte ein Kontakt mit anderen Tierarten auffallend häufig sein, dann wäre die Errichtung baulicher Maßnahmen zum Schutz der Farbkarpfen eine mögliche Problemlösung.

Nebst einer hygienisch einwandfreien Pflege könnten auch Behandlungen des Wassers mit UV-Licht oder Ozon die Ausbreitung von Krankheitserregern einschränken. Eine UV-Behandlung des Teichwassers ist dafür eine gute Lösung. Der Einsatz von Ozon darf dagegen nur in geschlossenen Systemen erfolgen und keine offene Einleitung des Gases in den Gartenteich beinhalten. Dafür wird eine Reaktionskammer benötigt und ein Aktivkohlefilter, der das Ozon wieder aus dem Wasser entfernt, beziehungsweise es erneut in Sauerstoff „zurückverwandelt", bevor es dem Teich zugeleitet wird.

Krankheiten können anhand verschiedenster Merkmale erkannt werden. So können Verhaltensstörungen auch „unsichtbare" Krankheitsverläufe anzeigen. Bei auftretenden Hautveränderungen, wie beispielsweise Hautrötungen, besteht bereits Anlaß zu größter Sorge. Leider ist es so gut wie unmöglich, anhand von äußeren Krankheitsanzeichen einen dafür verantwortlichen Erreger zu diagnostizieren und eine entsprechende medikamentöse Behandlung einzuleiten. Beispielsweise kann eine bakteriologische Untersuchung anhand von Haut-, Kiemen- oder Darmabstrichen vorgenommen werden. Allerdings müssen die Fische in einer bestimmten Zeit zum Labor gelangen, um eine Untersuchung zu ermöglichen. Vorherige Abklärungen beim Labor helfen mit, die Vorgehensweise zu bestimmen. Eine hundertprozentige Diagnose ist jedoch nur anhand eines lebenden Fischs durchzuführen. Leider muß aber ein Tier dafür im Labor getötet werden, um auch die inneren Organe untersuchen zu kön-

nen. Ist ein Fisch tot und selbst, wenn er sofort eingefroren wird, ist es vielfach nicht mehr möglich, eine Krankheitsursache festzustellen, da viele Erregertypen in sehr kurzer Zeit absterben. Ist allerdings ein ganzer Bestand an Farbkarpfen erkrankt, so macht es durchaus Sinn, einen Fisch zu opfern, um die restlichen Tiere mit einer gezielten Behandlung zu retten. Für eine Untersuchung von kranken Fischen sind staatliche Fischseuchenbekämpfungsdienste, beziehungsweise Veterinärämter bestens ausgerüstet. Diese bieten ihre Dienste auch an Gartenteichbesitzer an und untersuchen zu einem angemessenen Preis die eingesandten Fische. Über die Tarife und die Vorgehensweise zum Versand, gibt ein vorher geführtes Telefongespräch Aufschluß, damit eine brauchbare Laboruntersuchung durchgeführt werden kann.
Ist lediglich ein Farbkarpfen erkrankt und keine sichere Diagnose zu stellen, kann ausnahmsweise versucht werden, dem Fisch aufs Geratewohl hin zu helfen. Gleich als erstes müssen die Lebensbedingungen optimal gestaltet werden. Sauberes Wasser und eine gut gewartete Filteranlage sind dafür wichtig. Über die Wasserbeschaffenheit gibt eine Analyse Aufschluß. Im Handel sind gewisse Medikamente erhältlich, die eine gleichzeitige Behandlung auf verschiedene parasitäre Erkrankungen zulassen. Für die Behandlung ist der betroffene Fisch zu isolieren und in einem separaten Behälter oder Aquarium zu pflegen. Natürlich darf auch hier eine gut funktionierende Filteranlage nicht fehlen. Wenn für eine Behandlung bakterieller Infektionen bei einem Fisch ein Antibiotikum eingesetzt werden soll, dann hat dies nicht im Gartenteich zu erfolgen. Gerade hier muß der Fisch in ein Aquarium übergeführt werden, um nicht bei den gesunden Fischen eine Resistenz auf den Wirkstoff herbeizuführen.

Streß als Krankheitsursache

Streß aller Art ist der Hauptauslöser für Krankheiten bei Fischen. Bereits geringfügige Änderungen in den Lebensvoraussetzungen können Streß verursachen. Dazu gehören in erster Linie eine Veränderung bei der Wasserqualität oder Wassertemperatur. Eine zu hohe Besatzdichte oder stetige angstauslösende Störungen können zu Dauerstreß führen. Selbst ein fehlendes Vertrauen der Fische in ihren Lebensraum ist ein oft unterschätzter Streßfaktor. Ja sogar eine falsche Ernährung führt zu Streßerscheinungen. Streß kann bei Fischen sehr leicht zu einer Schwächung der natürlichen Widerstandskraft gegenüber Krankheitserregern führen. Die Erreger sind allgegenwärtig und in allen Gewässertypen zu finden. Normalerweise können sie den gesunden Fischen aber nicht schaden. Nehmen die Krankheitserreger aufgrund bestimmter Voraussetzungen überhand und sind die Fische zusätzlich gewissen Streßfaktoren ausgesetzt, so ist eine Erkrankung unausweichlich. Streßauslösende Faktoren müssen unbedingt vermieden werden, möchte der Pfleger seine Fische nicht allerlei Krankheitserregern aussetzen.
Regelmäßige Wasserkontrollen und die hygienischen Maßnahmen sind ein Teil, um Streß zu vermeiden. Ein anderer Teil beinhaltet die regelmäßige und intensive Beobachtung des Fischverhaltens. Natürlich braucht es ein geschultes Auge, damit der Pfleger ein unnatürliches Verhalten oder sonstige Veränderungen bei seinen Farbkarpfen feststellen kann. Mit der nötigen Aufmerksamkeit können jedoch sehr schnell Erfahrungen gesammelt werden und mithelfen, die Fische bei Gesundheit zu halten.

Parasitäre Erkrankungen

Parasitäre Erkrankungen gibt es deren viele. Oft besteht eine gute Chance, sie auch zu erkennen und zu behandeln. Viele Parasiten sind jedoch mikroskopisch klein und sind mit bloßem Auge nicht zu erkennen. Dagegen sind die Auswirkungen ihres Befalls oft unübersehbar. Einige Parasiten kommen relativ häufig vor, diese werden nachfolgend kurz vorgestellt.
Nebenbei bemerkt: Zur Erkennung und Behandlung von Fischkrankheiten gibt es viele interessante Fachbücher im Handel. Für eine vertiefende Einarbeitung in die Vielfältigkeit des Themenkreises der Fischkrankheiten empfiehlt es

*Bei Verdacht auf eine Krankheit müssen die Fische vorsichtig und ruhig mit einem „Schwimmenden Kescher" herangeholt und eingehend untersucht werden.
Foto: Hans Gonella*

sich, entsprechende Fachbücher zu studieren. Eine auch bei tropischen Aquarienfischen auftretende Krankheit ist die Schleierkrankheit, auch *Costia* genannt. Die Haut der Fische wird dabei von einem weißlichen, schleierartigen Belag überzogen. Besonders im Frühjahr und im Herbst können auch Teichfische davon betroffen sein. Der Krankheitserreger ist ein mit dem Auge nicht erkennbares Geißeltierchen namens *Costia neatrix*. Die Behandlung der Erkrankung ist mit einem geeigneten Medikament relativ problemlos durchzuführen. Ebenso ist die Grießkörnchenkrankheit, besser unter ihrem populären Namen „Ichthyo" bekannt, eine häufige Fischkrankheit. Der Erreger ist ein kugelförmiger Einzeller, der zu den Protozoen gehört. Diese Wimperntierchen, *Ichthyophthirius multifilii*, sind als kleine weiße Punkte auf der Fischhaut gut zu erkennen. Auch ihr Befall muß verhältnismäßig schnell behandelt werden. Hierfür eignen sich ebenfalls handelsübliche Präparate. Beide eben erwähnten Krankheiten können vor allem bei der Überwinterung der Farbkarpfen im Hause auftreten. Kiemenwürmer können dagegen auch im Freiland jederzeit ein Problem darstellen. Die kleinen, oft nur schwer erkennbaren Schmarotzer, nisten sich in den Kiemen der Fische ein und verursachen eine starke Atemnot, die an einer beschleunigten Atmung zu erkennen ist. Alle diese Krankheitserreger sind, mit der Ausnahme der Grießkörnchenkrankheit, nicht unbedingt ohne weiteres zu diagnostizieren. Vielfach können auch andere Krankheitserreger ähnliche Symptome aufweisen. Besteht eine Unsicherheit bezüglich einer möglichen Behandlung, dann lohnt es sich beim Fachhändler Rat einzuholen. Ein Befall mit Karpfenläusen, die zu den Ruderfußkrebsen gehören, ist gut zu erkennen. Sie haften an der Fischhaut und saugen Blut und Gewebeflüssigkeit. Die daraus entstehenden Wunden rufen bei den Fischen einen starken Juckreiz hervor und bieten eine gute Angriffsfläche für einen Pilzbefall. Unter den Ruderfußkrebsen finden sich noch weitere Schmarotzer, die durch ihr Äußeres teilweise überhaupt keine Ähnlichkeit mit Krebstieren haben. Allesamt können sie den Fischen stark zusetzen und müssen mit geeigneten Medikamenten entfernt werden.

Bakterielle Erkrankungen

Krankheiten, die durch Bakterien verursacht werden, kommen bei Farbkarpfen verhältnismäßig häufig vor. Als Folge von Streß, also ungünstigen Lebensbedingungen, finden sie bei den geschwächten Fischen wenig körpereigene Widerstandskraft vor und können sich dementsprechend leicht vermehren. Bakterien können die Haut, die Kiemen aber auch die inneren Organe befallen und die Gesundheit der Fische ernsthaft gefährden. Sind bakterielle Infektionen einmal stark fortgeschritten, was besonders bei einem Befall der Organe zutrifft, so kann den Fischen kaum mehr geholfen werden, da eine optimale Funktion der betroffenen Organe meist nicht mehr gewährleistet ist. Für den medizinischen Laien ist eine Diagnose von bakteriellen Infektionen unmöglich durchzuführen. Auch Fachleute können aufgrund einer äußerlichen Begutachtung höchstens eine Vermutung anhand der Symptome erstellen. Der Grund hierfür liegt darin, daß verschiedene Bakterien sehr ähnliche Krankheitsbilder verursachen können. Daher ist eine Diagnose nur im Labor möglich.
Wie bereits angesprochen, ist es besser, den Farbkarpfen optimale Lebensbedingungen anzubieten, als eine Krankheit zu heilen. Dies trifft

besonders bei bakteriellen Infektionen zu, die mitunter sehr heimtückische Krankheitsverläufe und eine schwere Behandelbarkeit aufweisen. Sauberes Wasser, eine gute ausgewogene Fütterung und Vitamingaben können die natürliche Widerstandskraft der Fische stärken und manchmal, aber sehr selten, sogar einer beginnenden bakteriellen Infektion Einhalt gebieten. Eine Krankheit, die mit einem bakteriellen Befall leicht zu verwechseln wäre, sind die Karpfenpocken. Oft erinnert der Krankheitsverlauf auch an Pilzerkrankungen. Je nachdem treten bei den Karpfenpocken nämlich Tumore oder belagartige Hautveränderungen auf. Die Ursache für die Karpfenpocken ist nicht eindeutig bekannt. Entweder Viren oder bestimmte Umgebungsbedingungen können so das Wohlbefinden der erkrankten Fische stark einschränken. Aufgrund verschiedenster Beobachtungen werden selten alle Fische in einem Teich von dieser unschön anzuschauenden Krankheit befallen. Meist tritt sie auch besonders bei neuerworbenen Tieren auf. Gegen die Karpfenpocken gibt es keine Medikamente. Allerdings ist der Krankheitsverlauf alleine nicht tödlich. Die Karpfenpocken treten nur in den kalten Jahreszeiten auf und verschwinden sobald sich das Wasser wieder erwärmt. Ist ein besonders starker Befall festzustellen, dann sollten die Fische ins Haus geholt und bei einer Wassertemperatur von 20 °C gesund gepflegt werden.

Neben Bakterien können auch eine Vielzahl an Virenarten die Farbkarpfen schädigen. Die Erkennung von Viren ist noch viel schwieriger und kann auch im Labor Probleme bieten. Bekannteste Virenerkrankung ist die Frühlingsvirämie. Der Krankheitsverlauf nach einer Ansteckung kann sehr unterschiedlich sein und verläuft unbemerkt. Ein Ausbruch der Krankheit kann nach einer Ansteckung mehrere Tage bis Monate benötigen. Leider ist es oft nicht möglich, den Fischen zu helfen, da sie plötzlich sterben. Eine gute Pflege und ein nicht zu hoher Fischbesatz im Teich sind aber auch hier die günstigste und zugleich einzigste Vorkehrung, um diese im Frühjahr auftretende Krankheit zu verhindern.

Pilzerkrankungen

Pilze, auch als Fisch-Schimmel bekannt, sind in der Luft wie auch im Wasser allgegenwärtig. Pilzerkrankungen sind als weißliche, manchmal leicht gräuliche Flächen auf der Fischhaut gut zu erkennen. Manche Pilzerkrankungen treten auch in fädenförmiger oder pfropfenartiger Form auf und können auch die Flossen befallen. Die Behandlung von Pilzerkrankungen ist mit geeigneten Medikamenten kein Problem. Allerdings ist der Ursache der Pilzerkrankung auf den Grund zu gehen. Ein Pilzbefall gehört zu den sekundären Krankheiten und tritt daher als Begleiterscheinung einer Verletzung auf. So können zum Beispiel scharfe Kanten an Steinen die Fischhaut anritzen und einen Pilzbefall begünstigen. Weiterhin können Parasiten Wunden hervorrufen oder durch den auftretenden Juckreiz die Fische zu einem heftigen Scheuern an Gegenständen bewegen, die wiederum zu Verletzungen führen und so den Pilzen einen guten Nährboden anbieten.

Goshiki: *Zu den Goshiki gehören bis fünffarbige Fische mit unterschiedlich ausgeprägten tannenzapfenartigen Mustern auf der gesamten Rückenpartie. Die Flossen sind weiß. Zu diesen Fischen zählen Kohakus oder Sankes mit blauer oder schwarzer Tannenzapfenmusterung. Foto: Aqualife*

Vergiftungen

Vergiftungen sind wahrscheinlich eher selten. Ein aufmerksamer Pfleger wird seine wertvollen Farbkarpfen wohl kaum irgendwelchen giftigen Stoffen aussetzen. Denkt man an Gifte, so fallen einem wohl gleich Pestizide zur Schädlingsbekämpfung oder ähnliche Spritzmittel gegen Pilzerkrankungen bei Gartenpflanzen ein. Ein Versprühen solcher Stoffe nahe des Gartenteichs könnte natürlich auch bei Fischen

Schäden hervorrufen. Dies ist sicher jedermann bewußt. Darüberhinaus wären auch gewisse Farbanstriche, die im Teich Verwendung finden, ein Problem. Auch hier versteht es sich von selbst, daß alle Materialien, die für den Teichbau verwendet werden, für die Gesundheit der Farbkarpfen unbedenklich sein müssen. Vergiftungen können aber auch andere Ursachen haben. Da wäre einmal das Chlor, das dem Trinkwasser manchenorts als Desinfektionsmittel beigegeben wird. Bereits ein Chlorgehalt von 0,2 bis 0,4 mg pro Liter Wasser kann für die Fische gefährlich sein. Besonders im kalten Wasser bleibt das Chlor lange aktiv und vermag die Kiemen der Fische zu schädigen. Wird dagegen das Leitungswasser über einen Aktivkohlefilter in den Teich eingelassen, so wird das Chlor entfernt.

Weit gefährlicher als solche chemische Substanzen sind jedoch Stoffe, die im Gartenteich selbst entstehen können. Ein erhöhter pH-Wert, über 8,0, begünstigt zum Beispiel eine Ammoniakvergiftung. Hohe Nitritwerte können ebenfalls zu Vergiftungen führen. Um dies zu vermeiden sind unter anderem regelmäßige Teilwasserwechsel und die Reinigung der Filter gedacht. Darüber hinaus können bei Naturteichen auch die Bildung von Fäulnisgasen, wie Methan, mehr oder weniger starke Vergiftungserscheinungen bewirken. Treten aus dem schlammigen Bodengrund häufig Gasblasen aus, dann ist dies ein Alarmzeichen für Fäulnisprozesse im Schlamm. Hier hilft nur eins, nämlich den Schlamm aus dem Teich abzupumpen.

An dieser Stelle sei noch auf die Gasblasenkrankheit hingewiesen. Vor allem Gase wie Stickstoff, in geringerem Umfange auch Sauerstoff und Kohlendioxid sind für die Gasblasenkrankheit verantwortlich zu machen. Eine Gasübersättigung im Wasser und zugleich im Körper der Fische führt zum Ausbruch der Krankheit. Neben physikalischen Vorgängen können auch defekte Pumpen das Wasser mit Gasen anreichern. Im Hochsommer sind es besonders die Algen, welche das Gasgleichgewicht im Teich unkontrollierbar beeinträchtigen können. Erste sichtbare Anzeichen einer Gasblasenkrankheit ist die Blasenbildung in den Seitenlinien und den Kiemen. Später treten größere Blasen im Hautgewebe und den Flossen auf. Ein lang anhaltender zu hoher Stickstoffpartialdruck kann darüberhinaus in der Hornhaut des Auges eine Blasenbildung hervorrufen. In der Folge führt dies zu „Glotzaugen" und zur Zerstörung der Augen. Gasembolien in den Blutgefäßen können schließlich zum Tod der Fische führen.

Die Gasblasenkrankheit ist auch am gestörten Verhalten der Farbkarpfen ersichtlich. Ein apatisches Verhalten und eine Freßunlust gehören dazu. Nicht selten ist eine Gasübersättigung im Fischkörper nicht gleich zu erkennen. Es empfiehlt sich daher, immer bei einem unnatürlichen Verhalten der Farbkarpfen die Wasserqualität des Teichs zu überprüfen und das Wasser gegebenenfalls durch Frischwasser zu ersetzen. Die Gasblasenkrankheit tritt jedoch äußerst selten auf und kann in gut gepflegten Gartenteichen schon gar nicht zum Problem werden.

Desinfektion des Lebensraums

Mit der Behandlung einer ansteckenden Krankheit, beziehungsweise danach, müssen auch alle Gerätschaften, mit denen die Fische und das Wasser in Kontakt gekommen sind, desinfiziert werden, damit nicht ein erneuter Befall mit Krankheitserregern stattfinden kann. Selbst der Teich ist zu desinfizieren.

Zur Desinfektion eignen sich Alkohol, eine 5 %ige Formaldehydlösung, eine 2 %ige Natronlauge oder aber desinfizierende Seifenlösungen, mit denen auch die Teichwände kräftig abgeschrubbt werden können. Naturteiche dagegen können mit Branntkalk, kohlensaurem Kalk oder Chlor- und Löschkalk desinfiziert werden. Für letzteren lohnt es sich einen Fachmann hinzuzuziehen, um keine unliebsame Überraschungen zu erleben. Nach Beendigung einer Teichdesinfektion, zum Beispiel mit einer desinfizierenden Seifenlösung, sind die Rückstände gut aus dem Teich auszuspülen, um den Fischen nicht durch das Desinfektionsmittel unnötigen Schaden zuzufügen.

Es darf zu Recht gefragt werden, was unter der hohen Kunst der Farbkarpfenpflege verstanden werden kann? Wahrscheinlich nichts – denn jeder Pfleger von Farbkarpfen wird mit der Zeit seinen eigenen Weg einschlagen. Die Einen begnügen sich ihre Fische zu pflegen und sich an ihnen zu erfreuen. Die Anderen kennen alle japanischen Namen und können sie den jeweiligen Körpermerkmalen zuordnen und nehmen auch regelmäßig an Wettbewerben teil. Viele Pfleger von Farbkarpfen entwickeln mit der Zeit auch eine besondere Neigung zur japanischen Kultur und ihrem meditativen Charakter. Sie werden wohl seltener mit ihren Fischen an die Öffentlichkeit gelangen, um an Wettbewerben teilzunehmen. Welche Ausrichtung ein Pfleger von Farbkarpfen auch immer einschlagen wird – eine der hier genannten oder eine andere – stets bleibt die Freude an den farbenprächtigen Fischen im Vordergrund, und darin entsteht wohl wie von selbst eine besondere, einzigartige Beziehung zu den Farbkarpfen.

Internationale Vereinigungen

All jenen, die sich etwas ausführlicher mit der Pflege von Farbkarpfen auseinandersetzen möchten, sei die Teilnahme an Veranstaltungen und Ausstellungen über „Koi" empfohlen. Gerade eine Mitgliedschaft in einem Verein wird mithelfen, die eigenen Erfahrungen wertvoll zu ergänzen und Pflegefehler zu vermeiden. Eine Mitgliedschaft in einem Verein ist alleine schon deswegen gerechtfertigt, weil es sich bei den Farbkarpfen nicht nur um sehr schöne Fische handelt, sondern weil sie auch einen erheblichen materiellen Wert darstellen, den es zu erhalten gilt.

Neben einer Vielzahl an internationalen Vereinigungen außerhalb des deutschsprachigen Raums, wie beispielsweise in England, Holland und selbstverständlich in Japan, um nur einige zu nennen, sei die deutsche Vereinigung an dieser Stelle kurz vorgestellt. Der „KLAN" ist ein Verein von „Koiliebhabern", die sich regelmäßig zum Erfahrungsaustausch treffen. Neben dem Vereinssitz in Krefeld finden sich noch weitere Landesgruppen in Deutschland, die vielleicht für den jeweiligen „Koiinteressierten" besser erreichbar sind. Neben Ausstellungen organisiert der „KLAN" Vorträge und gegenseitige Teichbesuche zum Erfahrungsaustausch. Darüberhinaus gibt der „KLAN" auch ein Magazin heraus, welches neben Informationen zu den Farbkarpfen wichtige Hinweise zu Lieferquellen bestimmter Produkte und Ankündigungen von Ausstellungen im In- und Ausland liefert. Inter-

Die Teilnahme an Wettbewerben geht nicht völlig streßlos an den Farbkarpfen vorbei. Eine gute Organisation für den Transport und längere Ruhepausen für die Fische zwischen den Wettbewerben sind die besten Vorkehrungen, um gesundheitliche Komplikationen bei den Fischen zu vermeiden. Foto: bede-Verlag

essenten entnehmen am Schluß des Buchs – nach der Danksagung – die Kontaktadresse, um mehr über den „KLAN“ zu erfahren.

Die Teilnahme an Wettbewerben

So mancher angehender Pfleger von Farbkarpfen wird sich vielleicht die Frage stellen, welche Voraussetzungen es braucht, um an einem Wettbewerb teilnehmen zu können. Nachfolgend einige kurze Ausführungen dazu, die helfen können, sich einen Überblick zu verschaffen.

Anläßlich einer „Koi-Ausstellung“ werden Schönheit und Verhalten der vorgestellten Fische bewertet und ausgezeichnet. Um die Farbkarpfen an den Ausstellungsort zu transportieren, ist natürlich ein gewisser Aufwand erforderlich, damit die wertvollen Fische keinen Schaden nehmen. So werden eine Vielzahl an Gerätschaften benötigt, wie Wasserschläuche, mehrere Kunststoffbehälter zum Transport und Umsetzen der Fische und vieles mehr. Die Vorbereitungsarbeiten, aber vor allem die Teilnahme am Wettbewerb, können kaum von einer Person durchgeführt werden, so daß ein Begleitteam an Helfern zusammengestellt werden muß. Möglichkeiten zum temperieren und belüften des Wassers, wie auch transportable Filteranlagen sind ebenfalls mit einzukalkulieren,

Bei der Befolgung der hier dargestellten einfachen Regeln, sollte die Pflege solcher schöner Farbkarpfen leicht sein. Foto: T.F.H.-Verlag

damit ein Fischtransport nicht in einem Desaster endet. Während den heißen Sommermonaten ist für eine Kühlung des Wassers zu sorgen. Dies kann durch eine gute Isolation erfolgen oder noch besser mit einem klimatisierten Fahrzeug. Bei längeren Transporten sind die Fische zudem periodisch zu kontrollieren. Ebenso die Wasserqualität und die Wassertemperatur. Gegebenenfalls ist sogar ausreichend Frischwasser mitzuführen, sollten die Wasserwerte am Ausstellungsort nicht den Werten entsprechen, an die sich die Fische gewöhnt haben. Für die Ausstellung müssen die Farbkarpfen auch entsprechend vorbereitet werden. Das heißt falls die Farbkarpfen im Teich leben, müssen sie herausgefangen werden und ein bis zwei Wochen, je nach Wassertemperatur, einer Ausnüchterung unterzogen werden. Im Teich würden sie nämlich immer noch genügend Futter finden. Gut ausgenüchtert müssen die Fische sein, um durch ihre Ausscheidungen das Wasser in den Transportbehältern und den Ausstellungsbecken nicht zu belasten.

Tip: **Gut genährte und gesunde Fische nehmen durch eine kurze Hungerphase keinen Schaden.**

Es versteht sich wohl von selbst, daß bei geschwächten Fischen von einer Teilnahme bei Ausstellungen abzusehen ist. Diese könnten durch das Prozedere eine noch größere Schwächung erfahren und gegenüber allerlei Krankheiten anfällig werden. Sind die Fische am Ausstellungsort angekommen, dann gilt es als erstes die Wasserqualität und die -temperatur zu messen, nicht daß die Fische sorglos aus dem warmen Transportwasser in einen Ausstellungspool, der gerade mit kaltem Leitungswasser aufgefüllt wurde, umgesetzt werden. Dies wäre ein zu großer Schock und hätte spätere nachteilige Folgen. Je größer die Unterschiede zwischen beiden Wasserkörpern sind, um so langsamer hat ein Umsetzen zu erfolgen.

An den Ausstellungen herrscht oft eine große Hektik. Da lohnt es sich, gut organisiert anzutreten und einen schönen Fisch zu besitzen, der sich mit den ausgestellten Tieren messen kann. Nach einer Beurteilung von Varietät, Größe und Gesundheit bewerten die Richter die Farbkarpfen nach verschiedenen Kategorien und küren den Champion der Ausstellung. Für den Gewinner gibt es oft interessante Preise zu gewinnen, die sicher auch Ansporn sind, am Wettbewerb teilzunehmen und seinen Fischen die beste Pflege angedeihen zu lassen. Wer mit seinen Farbkarpfen zum erstenmal an einem Wettbewerb teilnehmen möchte, dem sei empfohlen, erst einmal ohne seine Fische einige Wettbewerbe zu besuchen und sich auch „hinter den Kulissen“ beim Eintreffen und bei der Abreise der Teilnehmer eingehend umzuschauen. Dabei können wertvolle Eindrücke gesammelt werden, denn bald wird deutlich, daß nicht alle Teilnehmer gleich gut ausgerüstet sind. Aus den „Fehlern“ der anderen kann man lernen und mancher Teilnehmer ist auch bereit, die Vor- und Nachteile seiner Ausrüstung zu erklären.

Schlußbemerkungen

Der Kauf einiger Farbkarpfen ist schnell getätigt. Die Spreu vom Weizen zu trennen ist aber nicht einfach. Unter der Vielzahl der angebotenen Produkte für die Farbkarpfenpflege ist viel Nutzloses dabei. Ein renommierter Händler wird seine Kunden aber sicher kompetent beraten können. In einem Biotop im Garten oder gar nur mit einer eingegrabenen Kunststoffschale lassen sich keine Farbkarpfen auf die Dauer pflegen. Da braucht es schon etwas mehr, was jeder Neueinsteiger sicher bald feststellen wird.

Es macht wenig Sinn, bei einem Beginn mit der Pflege von Farbkarpfen, gleich eine große Gruppe der schönsten Fische zu erwerben und sie in den Gartenteich einzusetzen. Nicht selten erfährt man so unangenehme Überraschungen, die ins Geld gehen. Eher sollte man mit einigen kleineren und kostengünstigeren Fischen beginnen und langsam erste Erfahrungen sammeln. Mit diesem Vorgehen ist es weit einfacher, sich das nötige „Handling" anzueignen. Haben diese Fische erst einmal einen oder zwei Winter schadlos überstanden und sind prächtig herangewachsen, dann kann man dazu übergehen, auch Topfische zu erwerben und vorsichtig in den Gartenteich umzusiedeln.

Mitunter erkennt auch mancher Pfleger die wohltuende Kraft, die von den Fischen ausgeht und wird von ihnen vollends in den Bann gezogen. In der Folge baut sich der „Koibesitzer" nicht selten einen zweiten, noch größeren Teich. So lassen sich viel mehr Fische pflegen, denn auch bei den Farbkarpfen wird eine Über-

Um die Fische bei Ausstellungen erwerben zu können, müssen viele Aspekte berücksichtigt werden. Foto: bede-Verlag

besetzung des Gartenteichs nachteilige Auswirkungen auf die Fische haben.

Die erste wirkliche Probe wird jeder Pfleger von Farbkarpfen während des Winters überstehen müssen. Im Gegensatz zu den Goldfischen, die sich in der kalten Jahreszeit sogar im Schlamm einfrieren lassen und im nächsten Frühjahr unbeschadet wieder erwachen, benötigen die Farbkarpfen weit wärmeres Wasser zum Überwintern. Dies erfordert eine entsprechende Bauweise der Gartenteichanlage und natürlich auch eine funktionstüchtige Technik. Beides hat ihren Preis, worüber sich jeder Neueinsteiger im Klaren sein sollte.

Achtung: Die Pflege von Farbkarpfen ist kein Hobby, das auf die Schnelle mit wenig Geld zu realisieren wäre!

In einem solchen Fall kauft man sich lieber ein Süßwasseraquarium mit einigen Guppys.

Obschon die schönsten Farbkarpfen zu horrenden Preisen gehandelt werden, eignen sie sich auch nicht für eine Kapitalanlage, beziehungsweise als Objekt zur Kapitalvermehrung. Unbestritten haben einzelne Farbkarpfen schon Höchstpreise von bis zu 1 Million US-Dollar erzielt und ihren Besitzer gewechselt. Bei uns in Europa ist jedoch kaum jemand bekannt, der bereit ist, so viel Geld für einen Farbkarpfen auszugeben. Je nach Größe und Varietät kostet in Europa ein guter Farbkarpfen mehrere hundert Mark, bis zu 5000 Mark und mehr, dann ist aber die Preissteigerung beendet. Und sicher werden die Kostenaufwendungen um ein Vielfaches größer sein, um einige Fische in letzterer Preisklasse optimal pflegen zu können. In Europa werden also Farbkarpfen rein aus Liebe zum Fisch gepflegt und nicht, um damit ein Geschäft zu machen. Dafür hält die „Faszination Koi" eine Unmenge an Interessantem für den Pfleger bereit. Nichts ist spannender, als mit einem Lebewesen aus dem nassen Element in direkten Kontakt zu kommen; seine Leiden und Freuden zu fühlen und darauf einzugehen.

Danksagung

Zu diesem Buch haben viele „Koifreunde" mit ihren Erfahrungen beigetragen, einen kurzgefaßten und auf das Wesentliche beschränkenden Ratgeber zu verfassen. Besonders erwähnt sollen Pius Notter und Peter Boehrer sein.

Pius Notter gilt als anerkannter Bonsai-Spezialist und Japankenner, der sich auch mit der „Koi-Pflege" eingehend auseinandersetzt. Bilder seines selbst konzipierten und gebauten Teichs sind in diesem Buch zu bestaunen.

Peter Boehrer ist der Inhaber des Koi- und Teichcenter in Hauptwil, Schweiz. Als Co-Autor hat er seine langjährigen Erfahrungen mit Farbkarpfen und ihrer optimalen Pflege in dieses Buch einfließen lassen.

Beiden Spezialisten sei an dieser Stelle gedankt, ohne sie wäre dieses Buch wohl kaum zustande gekommen.

Nicht zuletzt gilt auch ein besonderer Dank Herrn Bernd Degen vom bede-Verlag für seine Unterstützung bei der Ausarbeitung des Buchs und seinen Mitarbeitern für die großartige Umsetzung des Manuskripts in das vorliegende Buch.

Ein besonderer Dank geht auch an Denise Gonella-Gygax für ihre Textbearbeitung und Korrekturen am Manuskript in sprachlicher wie auch fachlicher Hinsicht. Ohne ihr großes Engagement wäre das vorliegende Buch ebenfalls nicht zustande gekommen.

Interessenten für einen Beitritt in die Internationale Vereinigung für Koi-Liebhaber (KLAN) wenden sich an:

KLAN
Koi Liebhaber am Niederrhein 1991 e.V.
Kempener Allee 8
D-47803 Krefeld
Tel.: 02151-761876 / Fax 76 06 33

Fachliche Unterstützung ist zu erhalten bei:
Peter BOEHRER
Koi und Teichcenter, Weierwies 6
CH-9213 Hauptwil
Tel./Fax: xx 071 422 29 17

Interessenten für den Koi-Club Schweiz wenden sich ebenfalls an die obengenannte Anschrift.

Die deutschsprachige Zeitschrift über Farbkarpfen, der „Koi-Kurier", veröffentlicht interessante Fachbeiträge und Berichte über Ausstellungen, Studienreisen ins Ausland und vieles mehr. Ebenso sind aus dieser Zeitschrift die Adressen renommierter Händler oder Produkteanbieter zu entnehmen.
Abonnenten wenden sich an:
Koi Kurier, Postfach 25 12, D-33255 Gütersloh.

Natur und Mensch
Das Magazin für Naturfreunde, Bonsai- und Suiseki Liebhaber behandelt auch Themenkreise zur Japanischen Gartenbaukunst und berichtet über Farbkarpfen. Die Zeitschrift ist zu beziehen bei:
Pius NOTTER, Chäsiweg 3, CH-5623 Boswil.

Bücher und Zeitschriftenartikel für den „Koifreund":

BASCHET, A. & COLE, P. 1997. Wir bauen einen Gartenteich. Aquarium *live* 1(2), Ruhmannsfelden, S. 70-57.

BOEYKENS, E. o.J. Koi-Trilogie. Uitgeverij Pelckmans, NL.

COLE, P. & BASCHET, A. 1997. Nishikigoi. Karpfen der aufgehenden Sonne. Aquarium *live* 1(2), Ruhmannsfelden, S. 76-81.

COLE, P. & BASCHET, A. 1997. Die Filterung des Gartenteichs. Aquarium *live* 1(3), Ruhmannsfelden, S. 69-74.

COLE, P. & BASCHET, A. 1997. Koi – richtig ernährt. Aquarium *live* 1(5), Ruhmannsfelden, S. 76-80.

COLE, P. & BASCHET, A. 1998. Die Auswahl der Koi. Aquarium *live* 2(2), Ruhmannsfelden, S. 76-80.

HILBLE, R. & LANGFELDT-FELDMANN, G. 1988. Kois im Gartenteich. Kosmos Verlag, Stuttgart, ISBN 3-440-05864-6.

KUROKI, T. o.J. Modern Nishikigoi. ISBN 4-88024-102-4.

PÉNZES, B. & TÖLG, I. 1993. Goldfische und Kois. Verlag Eugen Ulmer, Stuttgart, ISBN 3-8001-7215-1.

TEICHFISCHER, B. 1988. Farbkarpfen. Urania Verlag, Leipzig, Berlin, ISBN 3-332-00188-4.

Verschiedene Autoren: Nishikigoi and Ponds No. 4. (Bestellformulare für das Buch sind über den Koi-Kurier erhältlich.)

WADDINGTON, P. o.J. Koi Kichi. Bestehend aus acht Teilwerken: Beginnings, Understanding, Environment, Nishikigoi, Caring, Cycles, People, Mystique. (Zu beziehen beim Koi Kurier.)